Plötzlich dieses Leuchten

TVZ

RICHARD KÖLLIKER (HG.)

Plötzlich dieses Leuchten

Pfingstgeschichten

Mit Illustrationen von Kooni

TVZ
Theologischer Verlag Zürich

Gedruckt mit freundlicher Unterstützung der Carl und Elise Elsener-Gut Stiftung, der Evangelisch-reformierten Kirche des Kantons Schaffhausen, der Katholischen Kirche im Kanton Zürich, der Schweizerischen Reformationsstiftung, der evangelisch-reformierten Zeitung reformiert. Bern, Jura, Solothurn, des Pfarrvereins des Kantons Zürich und der Evangelisch-reformierten Landeskirche des Kantons Zürich.

Der Theologische Verlag Zürich wird vom Bundesamt für Kultur für die Jahre 2021–2024 unterstützt.

Bibliografische Information der Deutschen Nationalbibliothek
Die Deutsche Nationalbibliothek verzeichnet diese Publikation in der Deutschen Nationalbibliografie; detaillierte bibliografische Daten sind im Internet über http://dnb.dnb.de abrufbar.

Umschlaggestaltung
Mario Moths, Marl
Unter Verwendung einer Illustration von Kooni, www.kooni.ch

Satz und Layout
Mario Moths, Marl

Druck
gapp print, Wangen im Allgäu

ISBN 978-3-290-18610-4 (Print)
ISBN 978-3-290-18611-1 (E-Book: PDF)

© 2024 Theologischer Verlag Zürich

www.tvz-verlag.ch
Alle Rechte vorbehalten

INHALT

7 Vorwort
Richard Kölliker

11 Der Heilige Geist ist keine Zimmerlinde
Martina Schwarz

19 «Geist ist geil»
Magdalene L. Frettlöh

28 Maria aus Magdala studiert Theologie und erinnert sich an den turbulenten Pfingsttag
Felix Senn

36 Dass der Wind hindurchfährt
Marianne Vogel Kopp

43 Nur angetrunken
Patrick Schwarzenbach

48 Eine Feder vielleicht
Franzisca Pilgram-Frühauf

58 Die Antwort auf dem Silbertablett
Hans Herrmann

65 Freut euch des Lebens
Kathrin Bolt

74	In mir entzündete sich ein Feuer Corinne Dobler
82	Glenda Romana Ganzoni
93	Der Kugelblitz Claudia Storz
99	Gnadengaben Maria C. Schneebeli
106	Ein Dramolett – Geistesblitz Susanne-Marie Wrage
115	Mut Kurt Marti
121	Die Pfingsttaube Autor/Autorin unbekannt
124	Neunundvierzig. Zwischen den Zeiten Martina Steinkühler
132	Zu Pfingsten sollen eure Köpfe schiffbar sein Klaus Merz
139	Dass dein Fuss nicht an einen Stein stosse Lydia Trüb
149	Der Tagtraum vom Rosenstock, der keine Dornen trägt Christian Kaiser
161	Der Geist weht und wohnt, wo er will Katharina Hasler-Pflugshaupt
167	Plötzlich dieses Leuchten Mireille Zindel
181	Autorinnen und Autoren Illustrationen Textnachweise

Vorwort

RICHARD KÖLLIKER

Im Unterschied zu Weihnachten oder Ostern hat das Pfingstfest in der Volksfrömmigkeit nie dieselbe Bedeutung und Popularität erlangt. Amüsant bringt dies Bertold Brecht in «Ein Kinderbuch» zur Sprache:

«Pfingsten, sind die Geschenke am geringsten,
während Ostern, Geburtstag und Weihnachten
was einbrachten.»

Pfingsten mit dem Bezug zum Heiligen Geist ist das fremde, unzugängliche Fest geblieben, das von den christlichen Festen am meisten durch die Säkularisierung vom ursprünglichen Sinn entfremdet worden ist. Pfingsten assoziieren Menschen mit verlängertem Wochenende, endlosen Staus im Strassenverkehr, (verregneten) Pfadilagern, Pferderennen oder anderen Sportveranstaltungen. Bei Umfragen löst die Frage nach Entstehung und Bedeutung des Fests ahnungslose Sprachlosigkeit aus. Dies mag auch mit der Schwierigkeit zu tun haben, das abstrakte Thema des Geists in verständliche Erzählungen und Geschichten umzusetzen – genau das, was die Autorinnen und Autoren des vorliegenden Bands mit modernen Pfingstgeschichten versuchen.

So ist zum Thema Pfingsten, dem «lieblichen Fest», ein bunter Strauss von nicht nur lieblichen Texten zusammengekommen, hauptsächlich Erzählungen, aber auch autobiografische Berichte, eine Schriftsteller-Predigt, poetische Meditationen, theologische Essays, die Aufzeichnung eines Handy-Dialogs, das Dramolett einer Theaterregisseurin … Die Vielfalt der Stimmen und Formen oder, um beim Bild vom Blumenstrauss zu bleiben, die Fülle der Farben und Duftnoten offenbart das kreative Potenzial von Pfingsten.

«Sprache ist das Fleisch des Geistes» hat der Poet Paul Valéry geschrieben.

Wir können uns vom Sprachwirken des Geists in den Texten überraschen lassen, sodass wir in anfängliche Verwunderung geraten und das heisst in einen Geisteszustand, der fürs Kennenlernen von Neuem und Ungewohntem förderlich ist.

Der Titel des Bands «Plötzlich dieses Leuchten» ist dem gleichnamigen, erfahrungsbezogenen Text am Ende des Buchs entnommen. In eine Atmosphäre der seelischen Verdunkelung dringt plötzlich Licht. «Der ganze Raum wie aus dem Schlaf erwacht», heisst es darin. Ich deute diesen Lichteinfall als Metapher für den Heiligen Geist, dessen Wirken die christliche Tradition mit Licht und Erleuchtung veranschaulicht. Schön, die bildliche Umsetzung des Motivs auf dem Cover, wo das Sonnenlicht durch die Dunkelheit des Walds dringt und den von Tieren und Pflanzen bewohnten Raum zum Leben erweckt.

Dazu passt, dass in unseren westlichen Breitengraden das Pfingstfest in die Zeit der neu aufbrechenden Natur im Frühling oder Frühsommer fällt, wie es der deutsche Dichterfürst Goethe in seinem Stück «Reineke Fuchs» beschreibt: «Pfingsten, das liebliche Fest war gekommen! Es grünten und blühten Feld und Wald, auf Hügel und Höhn, in Büschen und Hecken übten ein fröhliches Lied die neuermunterten Vögel, jede Wiese sprosste von Blumen in duftenden Gründen, festlich heiter glänzte der Himmel und farbig die Erde.»

Dem Potenzial des Geists ist zuzutrauen, dass er eine müde gewordene Welt und Menschheit zu neuer Wachheit erweckt, wie es in Psalm 104,30 heisst:

«Sendest du deinen Atem aus, werden sie [die Geschöpfe] erschaffen, und du erneuerst das Angesicht der Erde.»

Geist, Heiliger Geist, in der Bibel sprachlich abgeleitet von «Windhauch, Atem», bedeutet Erleuchtung, Belebung, Energie, Wachheit, Trost. Dass Menschen auf die kreative Präsenz dieses Tröster- und Lebensgeists in trostlosen Zeiten der Kriege und Konflikte setzen – dazu ermutigen die vorliegenden Texte.

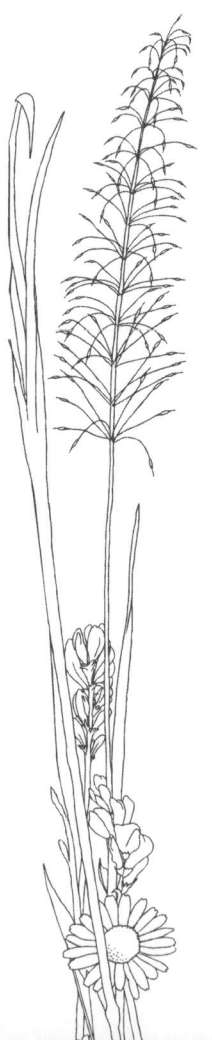

Der Heilige Geist ist keine Zimmerlinde

MARTINA SCHWARZ

«Der Heilige Geist ist keine Zimmerlinde, vielmehr vergleicht die Schrift ihn mit dem Winde.»[1]
Kurt Marti

Der Heilige Geist ist eine Birke

Meine Gedanken fliegen auf wie die Schwalben über Pässe ostwärts, münden mit dem Inn in die Donau. Die Nacht und der Zug trugen mich während Jahren dahin, wo das Land an vielen Stellen Dorf geblieben ist. Die Dörfer liegen aufgereiht an staubigen Strassen. Um halb elf bestieg ich den Nachtzug nach Budapest. Bevor ich mich in einen weiteren Zug oder

Minibus setzte in ein Land noch weiter östlich, wo die Dächer Augen tragen ohne Wimpern und Mönche dich segnen oder verfluchen.

In Siebenbürgen verwandelte sich der Heilige Geist in eine Birke oder besser gesagt in ein ganzes Wäldchen voller Birkenbäumchen. Der alte Sigrist und die Bauern aus dem Dorf stellten die Birken in die Kirche, als leichten, hellgrünen Pfingstschmuck. Wir wurden als Studierende ausgesandt, in klapprigen Ladas fuhren wir frühmorgens übers Land. In kurviger Fahrt, Schlaglöchern ausweichend, manchmal bis an den Rand der Karpaten. An Pfingsten kam ich nach Klein- und Grossschenk. Kirchenburgen, kastaniengesäumt, mit einer Handvoll verbliebener Siebenbürger Sachsen. Im Gottesdienst spielte der ungarische Freund «An der schönen blauen Donau» statt «Ein feste Burg ist unser Gott». Die transsilvanische Freundin wiederum sang die Liturgie und ich reformierte Schweizerin trug das Wort unter die Bäumchen, durch die ab und zu ein zarter Wind wehte. Nach dem Gottesdienst gab's süssen Kuchen. Die Frauen im Dorf hätten unser lustiges Trio am liebsten übernommen. Später im Jahr spielten eben jener Schöne-blaue-Donau-Organist und ich an einem Nebenarm der Donau Fussball. Der Ball wurde vom Wind hoch hinaufgehoben, zwischen den Zwetschgenbäumen hin- und hergewirbelt. Seither macht Pfingstwind mich glücklicher als andre Festtagswinde. Pfingsten ist für mich das Gefühl, wie wenn ein riesiger unsichtbarer Kamm sich durch mein Haar arbeitet und das Herz aufraut. Diesem Landstrich am Rande Europas verdanke ich Pfingsten wie Westeuropa den Flieder Osteuropa.

Pfingsten ist jung

Wir müssen an Pfingsten nichts. Das entspricht mir. Darin ähnle ich meinem Kind, oder es mir. «Weisst Du, Mama, ich möchte einfach frei sein», erklärt es regelmässig. Das leuchtet mir ein. Das Kind möchte bloss spielen. Die Welt der Schule, die die Kindheit in geordnete Bahnen lenkt, ermüdet das Kind. Viel lieber verfolgt es seine eigene Spur. Wenn es das nicht darf, wird es wütend. Es schwitzt und sein Haar klebt in seinem Nacken und riecht nach Heu oder Muskatellersalbei. Dann entsteht ein Brausen, wie wenn ein heftiger Sturm daherfährt, und erfüllt das ganze Haus. Das Kind möchte seinen eigenen Spuren folgen, die es in Welten führen, zu denen nur es selbst die Schlüssel besitzt. Verordnetes Schenken, Basteln und Dekorieren sind ihm ein Graus. Das Kind ähnelt Pfingsten. Wenn man Pfingsten einfangen möchte, in eine Tradition giessen, mit Keksen, Kärtchen, Kugeln, Geschenken versehen, sieht die Heilige Pfingstkraft rot. Denn sie ist schliesslich keine Zimmerlinde. Wusste schon der Dichter. Pfingsten ist nackt oder leicht bekleidet bloss. Höchstens ein Hauch von rotem Chiffon um die Taille, Pailletten um die Brust. Pfingsten ist der Sturm, der dich nicht festhält. Der Sommerregen, vor dem kein Schirm dich schützt. Pfingsten verspricht dir keinen Halt.

Pfingsten genügt sich selbst

Pfingsten passt am besten zu meinem unbehausten Glauben. Der in Wörtern wohnt und im Schreiben Spuren nachzeichnet, die gefallen oder wehtun. Wenn Buchstaben und Sprachen durcheinanderwirbeln, macht mir das rein gar nichts aus. Es macht mich glücklich. Pfingsten schaffte es denn auch, meine indoeuropäisch erzogene Zunge auf Ungarisch zu drehen. Pfingsten weitete an der kleinen Donau, einem stillen Nebenarm hinter Budapest, jede Pore meines zwanzigjährigen Körpers wie die kleinen runden Blätter des Flieders. Es lag damals viel Wind in meinem Leben. Denn Pfingsten ist ein jugendliches Fest. Es genügt sich selbst.

Pfingsten ist das Gegenteil einer Zimmerlinde

Da entstand auf einmal vom Himmel her ein Brausen, wie wenn ein heftiger Sturm daherfährt (Apg 2,2).
Auf Hebräisch heisst der Pfingstgeist «Ruach». Ein weibliches Wort. Es bedeutet: Wind, Atem.

Mistral, der die Bäume südlich biegt. Bise. Nordföhn. Talwind und Zyklon. Ruach ist feurig. Sie macht lebendig. Und weht, wo sie will. Und Ruach ist Gott. Ruach ist das Gegenteil einer Zimmerlinde.

Ruach ist leicht und luftig, unfassbar bunt, kräftig rot, brausend, tosend, murmelnd, verstörend: In der Bibel tänzeln Feuerzungen über den Köpfen der versammelten Jüngerinnen und Jünger am ersten Pfingstfest. Das Stimmengewirr in den Gassen von Jerusalem schwillt an wie leichter Schwindel, nicht der von starkem Paprikaschnaps am kleinen Nebenarm der Donau. Oder vielleicht auch.

Die besten Texte sind diejenigen, die man in den Wind schreibt, sagt mein Lieblingsschriftsteller vom Jurasüdfuss. Ja, die besten Pfingstwörter sind vielleicht diejenigen, die wir in den Wind schreiben, für die wir keine Sprache haben, keine Fassung mehr, weil sie uns ausser Fassung bringen – so wie die frommen Menschen fassungslos einander in fremder Sprache verstehen in Jerusalem und ich an der kleinen Donau. Pfingsten ist Geschenk. Wie unsere Geburt ein Geschenk ist, erste Liebe und der Flieder im Frühsommer. Ernten, ohne zu säen. Ein leises Rascheln in den Birken. Und eine noch leisere Erinnerung an den ersten Buchstabenrausch, den Schwips der biblischen Geschwister.

Pfingsten ist ein gefährliches Wort

Jede sucht sich ihre eigenen Pfingstwörter. Das taten auch die alten Glaubensgeschwister so. Bibelwort ist Menschenwort. Doch geschah und geschieht's, dass Sätze, Passagen des Buchs uns durchsichtig werden. Einleuchtend und hell als göttliches Wort und mitten ins Herz treffend wie die alte Stimme einer Tante aus längst vergangenen Tagen. Ich bin ordiniert auf «Dienerin am göttlichen Wort». Maria ging einst mit dem göttlichen Wort schwanger, liess es unter ihrem Herzen hüpfen, hat es später geherzt und gestillt. Mit oder ohne Ordinationsversprechen – ich sehe so viele Dienerinnen am Wort an meinem Weg. An der Kasse sitzend, Mütter, die sich hintenanstellen, oder Schriftstellerinnen, die sich fragen, wie schreiben bei so viel Krieg. Verletzungen, die für viele Generationen und deren Geschichten reichen. Ich weiss um mein Privileg der Ruhe im Bleistift. Am Rand der Stille tasten zu dürfen, langsam und zögerlich Texte zu verfassen wie Kosmeen im Wind, nicht die pinken. Nein, eher Texte, wie gebrochener Stoff, gut verstaut, manchmal sehr zerknittert, zuhinterst in der Schublade. Zarte Motten helfen mit, damit die Texte nicht zu schön werden. Es gibt wieder Autorinnen und Autoren im Herzen Europas, im Land, das so viele Dichterinnen und Dichter gebar, die sich vor der Sprache fürchten. «Wie ein Bäcker vor Mehl oder ein Bauarbeiter vor Ziegeln und Zement» (Tanja Maljartschuk).[2]

Pfingsten ist ein Reisewort

Glauben heisst für mich schreiben und schreiben glauben. Schon immer. Ein Rückzugsort. Eine Zuflucht. Vor der Angst, anders zu sein. Als Kind mit den Pfingsthaaren. Weil so rot. Und seltsamerweise die Kinder meines Schulhauses diese noch in den Achtzigern mit dem Teufel verbanden oder mit Hexen. Die Unterführung auf dem Schulweg war kein *safe space*. Ich flüchtete mich in Geschichten. Und Gedichte, die ich mit kleinen Zeichnungen versah. Sie halfen mir beim Anderssein. Ich zeigte sie dem Lehrer, was wiederum ebenfalls schlecht ankam und das Abpassen in der Unterführung anheizte. Ich las die Texte meiner einzigen Freundin vor, wir versteckten uns dazu in Bäumen, wo uns niemand fand. Die Schrift bot mir ihr Nest. Eins für seltene Vögel. Und eins für meine struppige Seele, die nachts umherstreifte. Und das Gutsein suchte, Liebe oder die Heilige Geistkraft. Trost in Tantenform bekam, in Bäumen und im Jurawind. Die Eltern hätten mich lieber im Dorf behalten. Stattdessen war ich gerne unterwegs. Ich war überzeugt, dass der Heilige Geist ein Reisegeist sei. Zusammen stiegen wir in den Nachtzug nach Osten. Und Reisegeist wiegte mich in den Schlaf.

Wenn einmal die Zeit erfüllt ist, möchte ich mit dem Reisegeist verschwinden. Bevor wir um halb elf in den Nachtzug stiegen, spielten wir noch Pingpong. Bälle flögen auf wie unterschiedliche Sprachen. Ich würde sie alle auffangen und verstehen. Der Tag wäre für immer junilang. Ich stellte dem Papier keine aufwühlenden Fragen mehr. Versteckte die Buchstaben nicht mehr in Bäumen. Die Sprache brächte bloss noch Gedichte hervor, die keine Befehle erteilten, Kinder in Vorstädten zu töten, Raketen abzuschiessen. Aus dem Bleistift strömte bloss noch Stille. Barfuss würden wir durch Dörfer gehen, dem säuselnden Brausen entgegen.

---

1 Kurt Marti, Der Heilige Geist ist keine Zimmerlinde. 80 ausgewählte Texte. Mit einem Vorwort von Eberhard Jüngel, Stuttgart 2000.
2 Vgl. «Hier ist immer Gewalt. Hier ist immer Kampf». Klagenfurter Rede zur Literatur 2023 von Tanja Maljartschuk. 28. Juni 2023. https://bachmannpreis.orf.at/stories/3212822/?fbclid=IwAR1fBC3lMdS62rrDveGBQmyQzuGtnxwMHYa6WNemq8RDENCXu1CTon1DnRc, abgerufen am 11.7.2023.

«Geist ist geil»

MAGDALENE L. FRETTLÖH

Jahrelang stand in meinem Bücherregal eine Postkarte, die Albert Einstein – dem Auditorium zugewandt – vor einer Tafel zeigte. «<u>Geist</u> ist geil» stand da geschrieben, Geist unterstrichen. Es handelt sich um eine Fotobearbeitung «im Geiste Einsteins». Auf dem Originalfoto, 1931 in einer Sternwarte bei Los Angeles aufgenommen, notierte Einstein stattdessen eine Formel an der Tafel.

Mensch kann die Nase rümpfen über diese popkulturelle Verwendung des prominenten Wissenschaftlers. Ich lese die starke Alliteration «<u>Geist</u> ist geil» als (anachronistische) Kritik am inzwischen längst einkassierten Werbeslogan der Firma

Saturn: «Geiz ist geil». Und finde mich bestätigt durch die Literaturkritikerin und Schriftstellerin, Moderatorin und Journalistin Elke Heidenreich. Die fand diesen Slogan schlicht «ungeil»; «moralisch, ästhetisch, semantisch» werde einer:einem dabei übel.

I.

Regelmässig erinnere ich in der dem Thema des Heiligen Geistes gewidmeten Vorlesung meines Dogmatik-Grundkurses an jene Postkarte, schreibe den Saturn-Werbeslogan an die Tafel, streiche «Geiz» durch, setze <u>Geist</u>, unterstrichen, darüber. Und eröffne so die Lehre des Heiligen Geistes, jener nicht begreifbaren, weder in den Griff noch auf den Begriff zu bringenden, zwischen Person und Medium, Gabe und Geber:in schillernden, unverfügbaren Präsenz des biblischen Gottes in der Welt. Geist statt Geiz, denn zumindest *Gottes* Geist eignet immer überströmende Fülle und – Vielfalt. Gott ist geistreich und Menschen sollen es auch sein.

Ich nenne die Heilige Geistkraft das göttliche Multitalent, dessen Kernkompetenz es ist, Menschen empfänglich zu machen für das, was Gott ihnen schenken und was Gott an und mit ihnen wirken möchte. Denn Gott einbrechen zu lassen ins eigene Leben – darauf verstehen Menschen sich nicht von Haus aus. Dazu bedarf es einer *Inspiration*. Und so wenig die Voraussetzungen für ein solches Werben und Wirken des Heiligen Geistes menschengemacht sind, so wenig können wir auch die Folgen absehen und kalkulieren. Der Heilige Geist ist unberechenbar und in seinen Phänomenen zudem keineswegs eindeutig identifizierbar. Begeistertsein und Betrunkensein – bisweilen soll das ja ununterscheidbar sein.

Gleichwohl hoffe ich als universitäre Theologin darauf, dass ich nicht nur vom Heiligen Geist lehre, sondern dass *dieser selbst* in den Lehrveranstaltungen weht und Menschen begeistert, mit Kopf, Herz und allen Sinnen Gott zu denken und von Gott zu reden.

II.

«Lass jede hoh und niedre Schule / die Werkstatt deines guten Geistes sein», heisst es zu Beginn der ursprünglich siebten Strophe des Kirchenliedes *Wach auf, du Geist der ersten Zeugen*. Von der Universität bis zur Vorschule – Werkstätten des Heiligen Geistes. Lehrräume dessen, der Menschen in Freiheit setzt. Was bedeutet es dann aber, dass im Evangelisch-reformierten Gesangbuch (RG 797) der deutschsprachigen Schweiz ebendiese Strophe ausgelassen ist? Passt es nicht in das eidgenössische Erziehungswesen, dass der Heilige Geist selbst die kompetenteste Lehrkraft ist, die auch an der *alma mater studiorum*, der nährenden Mutter der Studierenden, lehrt und forscht? Gottes Geistkraft ist ja eine Forscherin ersten Ranges, «erforscht sie doch alle Dinge, auch die Tiefen Gottes» (1Kor 2,10).

Es liegt schon eine gewisse Ironie darin, dass gerade der nach der ältesten europäischen Universität benannte Bologna-Prozess die Hochschule längst nicht mehr als «unbedingte Universität» (Jacques Derrida) versteht, als einen Lernort, in dem nichts ausser Frage steht und Lehrende sich bekennen zu dem, was sie lehren. Die Universität ist zur Firma geworden, deren Schibboleth «Drittmittel» lautet und die sich durch ständige Evaluationsprozesse ruhelos selbst zu optimieren sucht, ohne dass die Ziele dieses *self-enhancement* transparent sind oder gar von allen Beteiligten geteilt würden.

Aber auch in Bologna-Universitäten gibt es *alma mater*-Oasen, können Seminare und Vorlesungen zu Werkstätten des Heiligen Geistes werden, ereignet sich mitten im akademischen Alltag Pfingstliches. So jedenfalls widerfuhr es etwa einem Dutzend Studierender und mir vor wenigen Semestern in einem Master-Seminar zum Thema *Das (Bitt-)Gebet und das Problem der Erhörung*. Nun ist Beten gerade für Theolog:innen ein heikles und irgendwie besonders intimes Thema. Und die Erfahrung der un-erhörten Gebete spitzt diese Intimität noch einmal zu. Keine geringe didaktische und theologische Herausforderung! Mehr noch: ein notwendiges Betätigungsfeld für die Heilige Geistkraft, die ja, davon war der Apostel Paulus überzeugt, ohnehin unseren Gebetsschwierigkeiten aufhilft (vgl. Röm 8,26).

III.

Die Heilige Geistkraft muss kräftig am Werk gewesen sein, denn wie konnte es sonst geschehen, dass Woche für Woche nach neunzig Minuten niemand den Seminarraum verliess, sondern die ganze Gruppe einfach weiterdiskutierte, bis der nächste Kurs hineindrängte und sie energisch hinauskomplimentierte? Dass die Studierenden dann auf dem Flur oder in der Mensa beim Kaffee zusammenstanden und andere mit ins Gespräch zogen? Dass auch unter der Woche hier und da im Vorübergehen immer wieder Gesprächsfetzen zum Seminarthema an mein Ohr drangen? Dass bis heute Seminararbeiten eintreffen, die von einer anhaltenden intrinsischen Beschäftigung mit dem Thema zeugen und dass auch in Veranstaltungen der Folgesemester wiederholt an Erkenntnisse jenes Seminars angeknüpft wird? Da ist eine *Nachhaltigkeit* entstanden, die durch kein noch so ausgeklügeltes didaktisches Konzept und keine noch so intensive Vor- und Nachbereitung garantiert werden kann – und die zugleich durch das Raster der meisten Lehrevaluationskriterien fällt.

Dabei waren die Seminarsitzungen selbst schon verwegen genug: Ein Wort gab das andere. Gedankenblitze zischten durch den Raum. Gesprächspausen, sonst als peinlich empfunden, liessen als Augenblicke beredten Schweigens Atem schöpfen. Mehr noch als *Sprach*ereignisse widerfuhren uns *Hör*ereignisse: In einer bereits anfänglichen Atmosphäre des Vertrauens, wie sie sich sonst oft erst am Ende eines Semesters einstellt, hörten wir einander zu, nahmen Gedanken der anderen auf, dachten sie – in Anknüpfung und Widerspruch und Gegenfrage – weiter, fanden uns in schon Gesagtem wieder oder formulierten es alternativ um, präzisierten, korrigierten, vertieften, ergänzten ...

Mensch konnte sich gegenseitig beim Denken zusehen, war ausser sich und doch zugleich ganz bei sich: glühende Wangen, gerunzelte Stirne, kräftiges Nicken oder nachdenkliches Kopfschütteln, zwischendurch inmitten aller Anstrengung des Begriffs ein befreiendes Gelächter, eine aus dem Augenwinkel gewischte Träne oder ein tiefer Aha-Stossseufzer. Niemand wurde abgehängt, alle dachten und sprachen mit. Beobachtungen und Reflexionen wurden gewürdigt, nicht selten kritisch hinterfragt. Es gab Einverständnis und Unverständnis und vermutlich am Ende immer mehr Fragen als Antworten und – die befreiende Wirkung von Wahrheit: Im Verknüpfen der Seminarbeiträge mit mitgebrachten Lektüreerfahrungen liessen sich nicht nur die Referenztexte entschlüsseln. Im Licht des Empfangenen wie des einander Mitgeteilten und miteinander Geteilten erschloss sich auch eigenes Leben. Alltägliches wurde zum Gleichnis für Gotteserfahrungen und liess die Diskutierenden nicht unverändert zurück. Sie verwandelten sich das Erkannte an. Bisweilen ereignet sich so etwas in gewissen Phasen eines Seminars, hier prägten die Geistgaben das ganze Semester und waren doch mit nichts für die je nächste Sitzung zu garantieren oder auch nur vorzubereiten.

Das haben *Ereignisse* – im emphatischen Sinne – so an sich: Wir können sie nicht planen, uns nicht auf sie einstellen, nicht mit ihnen rechnen. Sie brechen ein, überfallen uns, suchen uns heim. Ereignisse sind – theologisch gesprochen – das Werk des Heiligen Geistes. Sie verdanken sich der *Inspiration*. Um die können wir nur bitten: «*Veni, creator spiritus!* / Komm, Schöpfer Geist!» Machen können wir sie nicht.

IV.

Was Inspiration ist, lässt sich wohl nirgendwo so trefflich lernen wie bei Friedrich Nietzsche. Im dritten Abschnitt von *Also sprach Zarathustra* (im Werk *Ecce homo)* begegnet uns eine Wahrnehmung von Inspiration, in der ich manches von der oben beschriebenen Seminarerfahrung wiederfinde – auch wenn sich in Nietzsches *Zarathustra*, sein «eigentliche[s] Höhenluft-Buch», unüberhörbar die magische Landschaft des Oberengadins, sein Denkort und seine Inspirationsquelle Sils Maria, der für ihn «lieblichste Winkel der Erde», eingeschrieben haben, während wir in einem profanen Seminarraum der Unitobler Bern tagten:

> «Hat Jemand, Ende des neunzehnten Jahrhunderts, einen deutlichen Begriff davon, was Dichter starker

Zeitalter Inspiration nannten? [...] Der Begriff Offenbarung, in dem Sinn, dass plötzlich, mit unsäglicher Sicherheit und Feinheit, Etwas sichtbar, hörbar wird, Etwas, das Einen im Tiefsten erschüttert und umwirft, beschreibt einfach den Thatbestand. Man hört, man sucht nicht; man nimmt, man fragt nicht, wer da giebt; wie ein Blitz leuchtet ein Gedanke auf, mit Nothwendigkeit, in der Form ohne Zögern, – ich habe nie eine Wahl gehabt. Eine Entzückung, deren ungeheure Spannung, sich mitunter in einen Thränenstrom auslöst; bei der der Schritt unwillkürlich bald stürmt, bald langsam wird; ein vollkommnes Aussersich-sein mit dem distinktesten Bewusstsein einer Unzahl feiner Schauder und Überrieselungen bis in die Fusszehen; eine Glückstiefe, in der das Schmerzlichste und Düsterste nicht als Gegensatz wirkt, sondern als bedingt, als herausgefordert, sondern als eine nothwendige Farbe innerhalb eines solchen Lichtüberflusses; ein Instinkt rhythmischer Verhältnisse, der weite Räume von Formen überspannt – die Länge, das Bedürfniss nach einem weitgespannten Rhythmus ist beinahe das Maass für die Gewalt der Inspiration, eine Art Ausgleich gegen deren Druck und Spannung ... Alles geschieht im höchsten Grade unfreiwillig, aber wie in einem Sturme von Freiheits-Gefühl, von Unbedingtsein, von Macht, von Göttlichkeit [...] Dies ist meine Erfahrung von Inspiration.»

Martin Buber erinnert in einem 1957 verfassten Nachwort zu *Ich und Du* (1923) an dieses «seltsame

Bekenntnis» Nietzsches und ergänzt: «Es sei immerhin – man fragt nicht, doch man dankt. Wer den Anhauch des Geistes kennt, vergeht sich, wenn er sich des Geistes bemächtigen oder dessen Beschaffenheit ermitteln will. Aber Untreue übt er auch dann, wenn er die Gabe sich selber zuschreibt.»

Buber unterstreicht damit das je neu überraschende Widerfahrnis der Inspiration, von dem Nietzsche in einer beeindruckenden Dialektik von Freiheit und Bezwungenwerden spricht. Der Inspiration, die ich nicht machen, über die ich nicht verfügen, der ich auch nichts vorschreiben oder vorsagen kann (umso mehr aber nachsagen und nachschreiben will!), entkomme ich nicht, wie ich ja auch auf ein bezwingendes Lächeln nicht nicht antworten kann.

Doch während Nietzsche die nicht abzulehnende Gabe, die die Inspiration mit sich bringt, empfängt, ohne nach dem Geber zu fragen, verbindet sich bei Buber mit diesem Empfangen das – unadressierte? – *Danken*. Die Inspiration, der Anhauch des Geistes, den wir uns nicht selber als eigene Leistung zuschreiben können, ist verdankt – wie auch die auf den langen Wanderungen im Oberengadin Nietzsche zuteil gewordenen «Geh-Danken» (Mirella Carbone). So wird für mich die erinnerte pfingstliche Seminarerfahrung zu einem weiteren Zeugnis fürs *Denken als Danken* und zu einem Plädoyer für eine geistgeile, pardon: geistreiche eucharistische Theologie.

Maria aus Magdala studiert Theologie – und erinnert sich an den turbulenten Pfingsttag

FELIX SENN

Lassen wir uns auf ein Experiment ein. Stellen wir uns vor: Maria aus Magdala kommt heute, 2000 Jahre später, wieder zur Welt (zwar kennt die Bibel keine Wiedergeburt wie die östlichen Religionen; aber für einmal blenden wir das aus). Sie wächst in einer – sagen wir – Innerschweizer Familie auf. Wie die meisten Kinder dort wird sie kurz nach der Geburt getauft – auf den Namen Maria übrigens, was in katholischen Gegenden nach wie vor nicht unüblich ist. Mit den Eltern besucht Maria ab und zu sonntags den Gottesdienst. Später geht sie zur Schule und belegt auch den Religionsunterricht. Es folgt eine unscheinbare kirchliche «Karriere»: Erstkommunion, Blauring, Ministrantin vielleicht sogar. Nichts Besonderes geschieht.

Dann, mit achtzehn Jahren, bei der Firmvorbereitung ein erster Trigger, als es um Pfingsten geht: Erinnerung – war da nicht was? In grauer Vorzeit? Sie denkt: «Da war ich doch dabei, damals – irgendwie? Spinne ich jetzt komplett? Bin ich auf dem besten Weg, verrückt zu werden?» Sie kommt nicht dahinter und kann die Erinnerung nicht recht einordnen; aber die vage Ahnung lässt sie nicht mehr los. Sie will der Sache auf den Grund gehen und entschliesst sich, Theologie zu studieren. Nach der Matura schreibt sie sich ein an der Theologischen Fakultät der Universität Luzern. Es sind nur noch wenige, die mit ihr im Präsenzstudium beginnen. Die meisten haben sich für das Fernstudium eingeschrieben. Für sie aber ist Luzern nahe, und das Präsenzstudium verspricht mehr Möglichkeiten des Austausches und des Dialogs. Und Maria sucht den direkten Disput, die Auseinandersetzung mit anderen. Das war schon in der Mittelschule so.

Nun sitzt sie also im ersten Semester in einem kleinen Hörsaal an der Universität Luzern. Die Einleitungsvorlesung «Einführung in die Theologie» geht in die dritte Woche. Der Professor für Fundamentaltheologie, ein sehr sympathischer Mensch,[1] spricht darüber, dass Theologie wissenschaftliches Nachdenken über die Offenbarung des dreieinigen Gottes sei, eines Gottes eben, der sich in der Welt als Vater, Sohn und Heiliger Geist zeige. – Von einer

Dreieinigkeit Gottes hat Maria schon viel gehört im Reli und in den Gottesdiensten; aber bisher konnte sie damit kaum etwas anfangen. Und auch jetzt ist es nicht anders. «Schon spannend. Es lohnt sich vielleicht, dem in den nächsten Monaten mal nachzugehen. Wobei: etwas abgehoben ist das Konstrukt ja schon», denkt sie. Und mit ihrer vagen Erinnerung aus der Firmvorbereitung sieht sie keinerlei Verbindung. Aber vermutlich braucht sie einfach noch etwas Geduld. Man kann ja nicht alles auf einmal verstehen. Und zum Glück gibt es noch andere Vorlesungen. Sie freut sich schon auf den Nachmittag, an dem unter anderem «Einführung in das Neue Testament» auf dem Programm steht – bisher eindeutig ihr Lieblingsfach.

Beim Mittagessen in der Mensa redet Maria mit einem Studienkollegen über die vormittägliche Vorlesung. Dass dieser auch seine liebe Mühe hat mit der Dreifaltigkeit Gottes, beruhigt sie ein wenig. Sie ist also nicht allein mit ihrer Ratlosigkeit und Skepsis.

Der Nachmittag beginnt mit Kirchengeschichte. Die Einführung in dieses Fach bietet einen ersten Überblick über die grossen Epochen der Kirchengeschichte und über die zentralen Zeugnisse des Glaubens. Heute referiert der weltoffene Dozent über die Bedeutung der altkirchlichen Konzilien für die Lehrentwicklung der Kirche. Als da von Jesus die Rede ist und wie man ihn verstehen müsse, klingelt es bei Maria. «Ja genau, Jesus! Da war doch Jesus!»

Sie hat ihn schon als Kind bewundert – für seine Menschennähe, seinen Mut, seine Radikalität, seine Reich-Gottes-Botschaft, seine Hinwendung zu den Armen und Ausgeschlossenen. Er hat sie schon im Religionsunterricht fasziniert. Und nicht nur das: Sie hat ihn dafür schon viel, viel früher geliebt, denn sie war ihm damals leibhaftig begegnet. Da ist sie wieder – diese Ahnung, diese vage Erinnerung. Aber als dann der Dozent klarmacht, dass es in Nizäa nicht nur um den Menschen Jesus, sondern um die Göttlichkeit dieses Menschen ging, da stutzt sie. Das konnte nicht dieser Jesus gewesen sein, von dem sie hingerissen war, denn dieser war ganz und gar ein Mensch aus Fleisch und Blut. Die Erinnerung verblasste und machte der Ernüchterung Platz.

Dann steht endlich ihre bisherige Lieblingsvorlesung «Einführung in das Neue Testament» auf dem Programm. Nachdem die Professorin in den ersten Vorlesungen einen Überblick über die neutestamentlichen Schriften und eine erste Hinführung zu den vier Evangelien gegeben hat, geht es heute um die Apostelgeschichte und ihre Theologie. Es gehe, so sagt die feministisch geprägte Professorin, in diesem Buch um die Anfänge der Kirche. Zum Einstieg will sie mit den Studierenden das zweite Kapitel lesen. Aber sie kommt nicht weit. Schon nach den ersten acht Versen (Apg 2,1–8) meldet sich Maria aufgeregt zu Wort. Denn noch nie hat sie den Pfingstbericht so bewusst gehört. Jetzt plötzlich ist alles wieder da. Maria sieht es genau vor sich, und sie ist sich völlig gewiss: Sie war damals dabei an jenem Ort, mit den anderen Brüdern und Schwestern, die noch immer um Jesus trauerten. «Ja», sagt sie begeistert, «genau so war es.» Um dann gleich energisch zu korrigieren: «Nein, so war es eben nicht. Das ist höchstens die halbe Wahrheit. Ich jedenfalls habe das ganz anders erlebt. Kein Brausen vom Himmel, keine Feuerzungen. Aber es war eine völlig hinreissende, überwältigende Erfahrung einer Kraft von innen. Ich war dabei – damals. Gott, spürte ich, ist nicht ausserhalb von mir, sondern tief in mir drinnen, eine Kraft, die mich befähigt, über mich hinauszuwachsen, Dinge zu wirken, die ich allein nie könnte. Auch Jesus war in seinem ganzen Wirken von dieser göttlichen Geistkraft bewegt und beseelt; und er hat auch uns motiviert, aus dieser Geistkraft zu leben.» (z. B. Lk 3,16; Apg 1,8)

Wir können uns vorstellen, wie im theologischen Hörsaal zu Luzern ein kleiner Tumult losbricht. Spannung, Ratlosigkeit, Unverständnis, Gegenrede, aber auch Beifall, Neugierde, Bewunderung, Rückfragen. Nicht daran zu denken, einfach weiterzulesen in der Apostelgeschichte, Kapitel 2. Die Professorin ist flexibel genug, der Diskussion Raum zu geben ...

Auf dem Heimweg ist Maria äusserst erregt und geht eiligen Schrittes, denn nun will sie wissen, was genau Lukas über diesen alles verändernden Tag noch geschrieben hat. Schon auf dem Weg kommt ihr in den Sinn, wie sie sich mit Petrus gestritten hat. Er hat damals eine Rede gehalten, die alle verstanden und der sie im Grunde nur zustimmen konnte (Apg 2,14–36). Aber er wollte nicht zulassen, dass auch sie als Frau ergänzend etwas sagte. Frauen hatten nämlich dannzumal in der Öffentlichkeit nichts zu sagen (1Kor 14,33b–35). Das fand sie ungerecht, denn war es nicht sie, die den zweifelnden Brüdern die Auferweckung Jesu verkündete (Lk 24,10; Joh 20,1–2)? Apostelin der Apostel (Hippolyt von Rom, 3. Jh.). So ungewöhnlich es damals in Jerusalem war, Maria hat sich schliesslich doch durchgesetzt. Sie hat in ihrer kurzen Rede angeknüpft an das Wort des Propheten Joël, das Petrus selbst in seiner Rede zitierte und hat angemahnt, dass der Geist nicht nur Söhne, sondern auch Töchter, nicht nur Knechte, sondern auch Mägde erfasste und mitriss, prophetisch zu reden (Apg 2,17f). Sie erntete damit einige männliche Buhrufe, aber auch viel Beifall – vor allem natürlich von Frauen. Sie erinnert sich, wie die meisten Frauen ihr an den Lippen hingen. Es war der Anfang davon, dass Frauen sich getrauten, von ihren Erfahrungen öffentlich zu erzählen. Und es war definitiv unübersehbar, dass Gottes Geist auch durch Frauen wirkt. Und wie! Wenn sie es sich genau überlegt, ist es ähnlich wie heute. In ihrem Innerschweizer Dorf sind es sogar mehrheitlich Frauen, die das christlich-kirchliche Leben tragen und lebendig halten, die – vom Geist bewegt – vom Glauben an Jesus Zeugnis geben. Gäbe es diese Frauen nicht, würde das Pfarreileben schlicht zum Erliegen kommen. All das und noch viel mehr geht ihr in Lichtgeschwindigkeit durch den Kopf.

Zu Hause angekommen, vertieft Maria sich in den Text der Apostelgeschichte (Apg 2). Und je mehr sie liest, desto aufgebrachter wird sie. Da steht ja gar nichts davon, dass auch sie eine Rede gehalten hat, worin sie ergänzte: Ausnahmslos alle Menschen – also auch alle Frauen – würden vom Geist inspiriert und bewegt. Lukas hat das schlicht unterschlagen, und dies, obwohl doch der Text von Joël genau das bestätigte. Wie konnte er nur?! Und noch etwas Wichtiges hat Lukas unterschlagen, wenn er schreibt, Petrus habe gesagt: «Diese Männer sind nicht betrunken» (Apg 2,15). Nein, das immerhin muss Maria nämlich Petrus zugutehalten, denn es hat sie gefreut, dass er sagte: «Diese Frauen und Männer sind nicht betrunken.» Sie erinnert sich genau, wie erstaunt sie war, dass Petrus die Frauen sogar an erster Stelle nannte. Offenbar hat er doch etwas gelernt!? Aber Lukas ist wieder zurückgekrebst. Wie stark und nachhaltig doch die patriarchalen Verhaltensmuster wirken!

Maria ist ziemlich aufgewühlt und kann noch lange nicht schlafen. Zum Glück ist die vierstündige Lehrveranstaltung «Einführung in das Neue Testament» auf zwei aufeinanderfolgende Tage verteilt und steht so auch am nächsten Tag wieder auf dem Programm. Sie wird dort zu Apostelgeschichte 2 einiges zurechtrücken müssen. Und sie wird sich nicht scheuen, Klartext zu reden. Und sie muss das nicht im Einzelnen vorbereiten. Die heilige Geistkraft wird ihr schon helfen, die richtigen Worte zu finden.

Wir können uns vorstellen, dass ihr Einwurf in der Vorlesung zum Neuen Testament ziemlich viel Staub aufwirbeln wird. Das wird ein regelrechtes Fest der göttlichen Geistkraft, die übrigens im Alten Testament *ruach* heisst und grammatikalisch weiblich konnotiert ist! Nichts mehr wird sein wie zuvor – bei Maria nicht, aber sicher auch bei ihren Mitstudierenden nicht und vermutlich sogar nicht bei der sonst für ihren Mut so bekannten Professorin. Gerne wären wir still mitlauschende Mäuschen in dieser Vorlesung, wenn Maria aus Magdala erneut engagiert vom Geistwirken Zeugnis gibt und wenn die göttliche *ruach* selbst das Szepter übernimmt in einer theologischen Lehrveranstaltung von heute.

Aber leider ist das nicht möglich, und so müssen wir diese Geschichte selber weiterspinnen …[2]

---

1 Sämtliche hier genannten Figuren sind frei erfunden und nehmen keinen Bezug auf aktuelle Protagonistinnen und Protagonisten der Theologischen Fakultät der Universität Luzern.

2 Wer sich auf der sachlich-theologischen Ebene weiter in das Thema vertiefen will, kann zu folgendem Buch greifen: Felix Senn, Der Geist, die Hoffnung und die Kirche (Studiengang Theologie VI,3), Edition NZN bei TVZ, Zürich ³2018.

Dass der Wind hindurchfährt

MARIANNE VOGEL KOPP

Aline lässt den Rucksack zu Boden gleiten. Sie dehnt und streckt sich unter lautem Gähnen. Nach zwei Stunden Weg hat sie eine Pause mit Abkühlung mehr als verdient. Den Aufstieg von Baar her durchs Lorzentobel hat sich die Tagespilgerin weniger anstrengend vorgestellt. Als Aline sich dem Schwarzenbach Wasserfall nähert, verwirbelt ein Windstoss die herabstürzenden Wasser und hüllt sie eine Gischtschwade ein. Kühlen ja, aber doch nicht gleich duschen … Aline tastet sich vorsichtig über die glitschigen Steine zurück zu ihrem Gepäck.

Die Stufen der Holzbrücke sind bereits sonnenbeschienen und warm. Zufrieden lässt Aline sich

darauf nieder und klaubt einen Apfel hervor. Eigentlich wäre sie ja mit Birgit unterwegs heute. Es war auch deren Idee gewesen, durch die Lorzenschlucht nach Allenwinden hinauf und weiter nach Ägeri zu wandern. Aber eine Migräne hat ihre Bürokollegin kurzfristig lahmgelegt. Aline zögerte nicht lange, zu verlockend waren dieser prächtige Junitag und die wildromantische Schlucht, die sie noch nicht kannte. Dann eben allein! Das ist sie nun seit über zwei Jahren schon gewohnt. Alles im Alleingang machen. Ohne Vinz. Innerlich stöhnt Aline laut.

Sie steht auf und lässt ein jüngeres Paar mit Hund die Brücke passieren. Widerstrebend schaut sie ihnen nach und wird kurz vom altbekannten Gefühlsgewirr überschwemmt: einer ungesunden Mischung aus Wut, Hass, Eifersucht und übermächtiger Sehnsucht. Warum hat die einen Mann? Und sie selbst hat nicht einmal einen Hund!

Während Aline zur Wildenburg hochsteigt, kann sie sich der bitteren Gedanken an die jüngste Begegnung mit Vinz nicht erwehren. Es war auf der Uferpromenade. Vinz sass mit dieser Vera im Seecafé an einem Tisch direkt am Wasser. Apéroseligkeit. Volles Verliebtheitsprogramm. Seine Augen nur bei ihr. Auf ihr. Und dabei sah er so verdammt gut aus. So strahlend. Von Vera gar nicht zu reden. Das personifizierte Lächeln. Heiterkeit bis zum Abwinken. Aline atmet schwer. Die heftigen Gefühle lassen sie erbeben. Sie schwitzt.

Kinder stürmen über die Burganlage. Vom Grillplatz her überziehen bereits Rauchschwaden mit Bratwurstdunst die Ruine. Für Aline kein Platz zum Verweilen. Aus lauter Neugierde schlüpft sie doch in den Bergfried und befindet sich eine Weile geschützt und allein im Rundturm. Der Blick hinauf in den wolkenlosen Himmel facht erneut ihre Sehnsucht an. An der Öffnung hoch oben hat ein junger Laubbaum Wurzeln geschlagen. Sein zartes Grün verheisst neues Leben aus totem Gemäuer. Licht am Ende des Tunnels? Aline verzieht bitter den Mund und verscheucht diesen aufkeimenden Lichtblick unverzüglich. Natürlich wünschte sie sich hinauf ins Helle. Und eine neue Liebe am Horizont wäre die absolute Morgendämmerung für ihren verdüsterten Zustand. Aber da ist dieses grobe Mauerwerk des Turms, das Aline bedrängt. Es macht sie klein, engt sie ein, hält sie gefangen. Da bin ich, klagt sie sich an. Ich sitze in meinem Bunker aus Abwehr und verletztem Stolz. Vinz hat mich verlassen, aber eingemauert habe ich mich selber. Fluchtartig verlässt Aline das dunkle Gemäuer und verlangsamt ihren Schritt erst wieder, als sie auf der Anhöhe den Blick weit über den Zugersee schweifen lassen kann.

Alines nächstes Ziel ist die St. Meinrad Kapelle in Allenwinden. Birgit hat ihr von einem Heilstein vorgeschwärmt, auf den man knien müsse und der jede Müdigkeit verscheuche. Zusammen mit der Freundin wäre so ein Energietanken ja noch ein witziges Unternehmen gewesen, aber allein macht abergläubisches Getue keinen Spass. Als Aline bei der Kapelle ankommt, beobachtet sie eine alte Frau in Begleitung einer jüngeren in der Vorhalle des Kirchleins. Die Grossmutter bleibt mit ihrem Rollator am Türgitter stehen und kommentiert das Altarbild. Aline hört etwas gemurmelt wie «schwarze Madonna» und «Heilige Geistin». Hört sie recht? Heilige Geistin, Heilige Mutter Gottes – die Katholiken haben es eindeutig mehr mit dem Weiblichen. Die beiden Frauen verlassen den Eingangsbereich und Aline will sich gleich selbst ein Bild machen von diesem feministischen Kirchenschmuck. Sie schaut durchs Gitter in die Kapelle und ist enttäuscht: Über dem bärtigen Gottvater auf der Wolke und dem Auferstandenen mit klaffender Seitenwunde schwebt nur eine überdimensionierte Taube als Symbol für die dritte göttliche Person. Aline richtet sich innerlich auf und lässt ihren Blick eine Weile fragend auf dieser Taube ruhen.

Als Aline die Kapelle verlässt, kann sie knapp ein Lachen unterdrücken. Eben rappelt sich die Rollator-Oma mühsam auf. Sie hat ihr Stützstrumpfbein doch tatsächlich in die Kerbe des heilsversprechenden Meinrad-Steins gelegt. Am liebsten hätte Aline ihr Handy gezückt, um Birgit ein Foto von diesem unerwarteten, frommen Akt zu schicken. Ein kurzer Blick aufs Display lenkt sie aber ab. Der aktuelle Tagesimpuls vom Spiritletter blinkt auf. Vor einem Jahr hat sie sich von Birgits Begeisterung anstecken lassen und seither diese kurzen, geistvollen Tagestexte abonniert. Von Hilde Domin stammt die heutige poetische Anregung:

Wer es könnte
die Welt
hochwerfen
dass der Wind
hindurchfährt.

1963 ist dieser Text entstanden, sinniert Aline. Dann ist er genau so alt wie ihre Mutter. Er wirkt aber um einiges frischer.

Erst jetzt bemerkt Aline ihren mächtigen Hunger. Der grosse Stein unter der nahen Tanne hinter der Kapelle ist die einzige einladende Sitzgelegenheit in der Nähe. Rasch breitet Aline ihren gesamten Proviant neben sich aus und lässt es sich schmecken. Als auch noch der kleine Schokoladekuchen vertilgt ist, ist sie zufrieden und erleichtert. Dass dieser Tag noch in etwas wie Heiterkeit mündet, hat sie nicht für möglich gehalten. Es rauscht über ihr. Die Tanne schwingt im Wind. Ein Windstoss erfasst auch Aline und wie von unsichtbarer Hand gesteuert, zieht sie den Umschlag mit dem angefangenen Brief aus dem Rucksack hervor. Ein Brief an Vinz. Keiner zum Abschicken. Ihre Therapeutin hat sie dazu aufgefordert. Schreiben zum Klären. Um sich selbst zu verstehen. Um dem anderen und auch sich selbst nichts mehr übelzunehmen. Es ist gewesen, was es gewesen ist. Alles wandelt sich. Alles geht vorüber. Es ist gut so.

Und während Aline das Gedicht vom Spiritletter in freier Form vor sich hin rezitiert, zerreisst sie die vollgeschriebenen Briefbogen in kleine Fetzen. Alle Anklagen, die ganze Trauer, das eigene Unvermögen, die Wunde vom Unverstandensein lösen sich Schnipsel für Schnipsel auf. Wer es könnte / die Welt / hochwerfen ... Wer es könnte / seinen Schmerz / hochwerfen ... Ich kann es / meine Verletzung / hochwerfen ... Und mit einem grossen Schwung ergreift sie die Fetzchen auf ihrem Schoss und wirft sie in die Luft: dass der Wind / hindurchfährt. Ungläubig schaut Aline ihrem Tun zu. Tatsächlich trägt der Wind die Papierstückchen wie einen Schwarm verwirrter Kolibris über die Mittagswiese dahin. Welche Inszenierung. Welche Katharsis! Das Bild von Vinz' überglücklichen Gesicht dort im Seecafé leuchtet auf. Sie gönnt es ihm. Echt. So hat sie ihn nie zum Strahlen gebracht. Aline spürt, dass auch ihr eigenes Leuchten zurückkehren wird – und schultert ihren Rucksack.

Nur angetrunken

PATRICK SCHWARZENBACH

Nach der Feier am Pfingstmorgen, wo es bekanntlich im Münster immer noch einen Tee-Rum auf den Nachhauseweg gab, als warme Stärkung für den Geist, wie der Pfarrer jedes Jahr sagte, sassen Toni Langenegger und Ruedi, den sie nur den Indianer nannten, noch lange auf dem Bänkli unter dem Lindenbaum und schauten auf die langsam fliessende Limmat.

Beide wärmten sich die Hände am dünnen Pappbecher. Von Zeit zu Zeit gossen sie ein wenig Schnaps nach, um den Pegel zu halten. Sie waren beide nicht wegen der Predigt gekommen und auch Pfingsten sagte ihnen nicht viel. Aber Tee-Rum bekam man eben nur noch im Münster gratis und da liess man den Herrn Pfarrer gerne einmal ein wenig sprechen. Der war ja auch froh, wenn jemand zuhörte.

Die Stadt schlief noch an diesem Sonntagmorgen, richtig warm war es noch nicht, aber Toni und Ruedi war es wohl auf ihrem Bänkli.

Es dauerte eine ganze Weile, bis jemand sprach.

Toni bewegte zuerst nur den Mund. Setze zwei, dreimal an, bis der dann plötzlich erstaunlich aufgeregt zu sprechen begann.

«Also, wenn der Doktor noch einmal versucht, mir den Infarkt auszureden, dann rufe ich den Kantonsarzt Waltensberger an. Den kenne ich von der Operation. Ich weiss, was ich weiss. Das war ein Infarkt. Die Pumpe funktioniert nicht mehr», sagte Toni und klopfte sich mit zwei Fingern auf die Brust.

«Wie kommst du jetzt da drauf?», fragte Ruedi, der wirklich ein wenig einem Indianer glich.

«Ich spür's doch. Wies immer Togg Togg macht. Kannst mir doch nicht erzählen, dass das normal ist. Es gurgelt. Grausam wie's gurgelt.»

«Beim Schnufen?»

«Nein, beim Brünzeln, blöd, sicher beim Schnufen. Das ist wegen der Pumpe. Da geht zu wenig Luft durch. Dann gurgelts, wie wenn die ganze Hütte unter Wasser wäre. Ohne Schnuf kann ich denk nicht leben. Das kann keiner.»

«Ja der Schnuf. Was glaubsch eigentlich, wer hat das erste Mal geschnuft? Die Fische ja noch nicht und dann dieser erste Egli, der ans Land kroch, meinsch der hat dann einfach mal den Mund aufgemacht und plötzlich hatte er Luft im Bauch?»

«Nein», antwortete Toni, «geschnuft wurde doch schon immer. Zuerst im Wasser mit den Kiemen und dann an Land mit der Nase.»

«Ja und bei den Menschen? Hat der Erste die Luft reingesogen oder wurde sie ihm reingeblasen?»

«Reingeblasen? Spinnsch?»

«Ja, also», sagte der Indianer leicht verunsichert, «du saugst ja auch nicht jedes Mal die Luft rein, wenn du schnufst. Lueg mal, wenn du jetzt die Luft anhältst, dann kommt die Luft danach doch mit Schwung rein, oder? Weils drin so lang leer war.»

Beide hielten die Luft an. Mit aufgeblasenen Backen und weiten geöffneten Augen schauten sie sich an.

Laut atmeten sie aus.

Die Luft kam.

«Voilà!», sagte der Indianer. «Und erst ganz am Schluss kommt dann keine neue Luft mehr nach – und dann bisch tot.»

«Ja, ich bin tot, wenn mir der Doktor den Infarkt nicht behandelt. Eine Sauerei isch das. Der hockt da in seiner schönen Praxis am Züriberg und glaubt den Menschen die Infarkte nicht. Gahts no?!?»

«Am Züriberg», sagte der Indianer versonnen, «da war ich mal zBsuech. Wunderschöne Aussicht. Da kannst Du im Frühling die Möwen sehen, wie sie im Wind über dem See ihre Kreise drehen – fünfzig oder sechzig wie ein Wirbelsturm aus Federn.»

«Ha! Dir steigt der Schnaps langsam in den Grind. Wirbelsturm aus Federn. Du bisch au chli en Sturm.»

«Doch, doch, und einmal habe ich eine gesehen, Möwe oder Taube, und die flog mit aller Kraft gegen den Wind und liess sich dann treiben und flog mit dem Brausen zum Nest. Und da brütete sie dann. Sie brütete und oben stürmte und unten tobte es.»

«Und die hat's nicht weggeblasen?»

«Nei, die war am Brüten, da brauchst du Ruhe».

«Ja, Ruhe würde mir auch guttun. Läck mir. Gestern hat der Luís ja wieder geredet. Wenn der einen intus hat, dann chasch den nicht bremsen. Dann geht's von Portugiesisch uf Dütsch und übers Spanisch wieder ins Englische.»

«Hast du mängisch auch das Gefühl, dass du den Luís in allen Sprachen verstehst, wenn er genug intus hat?»

«Ja schon, aber was er dann sagt. Oy oy oy. Tienes la feeling, when you look at la luna, dass never häsch gelebt an einem anderen Ort als right now? Oder Atoms fall in love et mantienen unidos todo la Universum. Guguszüg!», sagte Toni.

«Und glich, schön, wenn er so redet. Bei mir geht dann sHerz auf und ich fühl mich der Welt so nahe. Das Füür und die wahnsinnigen Pläne. Wie wenn er den Wind fangen wollte. Mir gefällt das: die Wiiti und das Lebe.»

«Ja, du bist und bleibst halt ein Indianer.»

«Alles in allem», sagte der Indianer und machte

schmunzelnd eine weite Bewegung mit den Armen über die Limmat und Zürich hinaus.

Nach einer Weile, in der jeder noch seinen eigenen Gedanken nachhing, nahm Toni plötzlich seine Tasche.

«Was meinsch?», sagte er. «Wollen wir langsam? Mal luege, wo uns de Wind hüt noch hinbläst.»

Sie nahmen ihre leeren Becher und die Taschen und stiegen die Treppen hinunter, liessen sich treiben, über die Brücken und verschwanden nach ein, zwei Drehungen irgendwo zwischen Paradeplatz und Hauptbahnhof.

Eine Feder vielleicht

FRANZISCA PILGRAM-FRÜHAUF

Schlaflos wälzt sich Lilith im Bett hin und her. Sie ruft sich Strategien in Erinnerung, die angeblich helfen: Lass deine Lungen mit Luft durchströmen. Folge deinem Atem und höre auf zu grübeln. Leitsätze zum glücklichen Leben – wenn es so einfach wäre. Formuliere positive Gedanken. Glaube an dich. Steh auf, statt stundenlang wach zu liegen, und schreibe dir die Sorgen von der Seele. Lilith fühlt sich viel zu müde, um auch nur einen dieser Ratschläge in die Tat umzusetzen. Ihr Herz pocht, der Kopf brennt. Wie soll sie sich, bitte sehr, aktiv beruhigen, wie sich zum Einschlafen zwingen?

Unablässig hallt der Eingangschor der Pfingstkantate in ihr nach: «Erschallet, ihr Lieder, erklinget, ihr Saiten!» Wird es morgen sein oder schon heute? Bei der Vorstellung, das Duett mit dem Heiligen Geist übernächtigt und mit belegter Sopranstimme singen zu müssen, gerät Lilith in Panik. «Komm, lass mich nicht länger warten. Komm, du sanfter Himmelswind. Wehe durch den Herzensgarten!» – Warten möchte sie tatsächlich nicht länger, aber nicht etwa auf das rührselige Festgemisch aus Feuer, Luft und Gemeinschaft. Darauf verzichtet sie nur zu gern. Vielmehr sehnt sie sich nach Schlaf, denn dieser fehlt ihr schon seit Tagen, Wochen, wenn nicht länger. Immer mehr öffnet sich die Kluft zwischen der Erschöpfung und den vergeblichen Versuchen, sich selbst zu überlisten und die grüblerische Unruhe aus dem Schlafzimmer zu verbannen. Mühsam tastet sie nach der Nachttischlampe. Im Dämmerlicht schimmert in der halb geöffneten Schublade die Feder. Eine von zweien.

Damals als Kind hat Lilith den Heiligen Geist gefunden, oder besser gesagt, Spuren von ihm. Zwischen vertrocknetem Laub, im Dorngeäst der Brombeerhecke, die an der alten Friedhofmauer emporrankte, leuchtete es weiss. Ein Huhn war eigenwillig genug gewesen, sein Ei nicht im Stall, sondern in diesem einsamen Winkel des Gartens zu legen. Hegte es die Hoffnung, dort allein zu sein und abseits vom Gegacker der Kolleginnen und dem Obergockel von einem Hahn ungestört zu brüten?

Es war nicht das erste Mal, dass Lilith auf ihren Streifzügen ein Ei entdeckte. Diesmal lagen in der Nähe zwei weisse Federn im Staub, übers Kreuz ineinander verzahnt. Lilith überflog die Hühnerschar. Einige da, andere dort scharrten und pickten vor sich hin, dösten und stolzierten weiter in ruckartigen Bewegungen. Keines machte den Anschein, als hätte es soeben Federn verloren – die Gänse, die sich argwöhnisch schnatternd näherten, schon eher. Behutsam umfasste das Mädchen das Ei. Die Wärme der Frühlingssonne hatte sich in die Schale eingebrannt. Geschwind in die Küche, wo die Mutter hantierte, und danach zurück zu den Federn. Lilith blies den Staub aus ihnen, strich sie glatt und stürmte dann an den Hühnern vorbei, die aufgeregt zur Seite stoben, auf die Wiese. Zwei-, dreimal rannte sie mit beiden Federn, eine rechts, die andere links zwischen die Fingerspitzen geklemmt, durch das hohe Gras. Fragil – dieses Wort kannte Lilith damals noch nicht. Aber sie war sich sicher, dass sich so vogelflügelleicht nur der Heilige Geist höchstpersönlich anfühlen konnte.

Lilith schläft nicht. Sie setzt sich auf die Bettkante und schreibt mit dem Federkiel langsam ihren Namen in die Handfläche. Diese Geste hat sie bei Herrn Jürgens gesehen. Der alte Mann aus dem Nachbarhaus war Schriftsteller, ein schräger Vogel. Vor vielen Jahren habe er einmal Theologie studiert, hiess es. Was und wo er danach arbeitete, wusste niemand. Manchmal stand er am Fenster und starrte in die Wolken, sah Lilith, wenn sie von der Schule nach Hause kam, wenn sie gegen Abend in die Musikstunde eilte und der Rucksack voller Noten auf ihrem Rücken hüpfte. Lilith winkte ihm zu, wenn sie ihn hinter dem Fenster entdeckte. Kam keine Regung zurück, wusste sie, dass ihm wieder einmal die Wörter ausgegangen waren. In den Wolkengebilden, im Farbenspiel des Lichts, im Flug der Schwalben hielt er Ausschau nach neuen. So hatte er es ihr einmal erklärt.

Eines Tages, als sie Herrn Jürgens am offenen Fenster stehen sah, hatte sie eine zündende Idee, die beste seit je, wie ihr schien. Sie schlich in ihr Zimmer und klingelte wenig später an seiner Wohnungstür. Als er öffnete, streckte sie ihm eine ihrer Federn entgegen: «Da, vielleicht hilft sie. Wenn Sie mit ihr schreiben, werden Ihnen die Wörter zufliegen. Wie die Menschen früher geschrieben haben, wissen Sie, im Mittelalter. Ich schenke sie Ihnen.» – «Eine Zauberfeder.» Man musste Lilith heissen, um zu sehen, dass Herr Jürgens lächelte. «Und trotzdem werde ich wahrscheinlich nicht fertig mit meinem Text. Wir sind niemals fertig mit der Welt, die uns begegnet. Das gilt vielleicht ganz besonders, wenn man über den Heiligen Geist schreibt.» – «Schreiben Sie wirklich über den Heiligen Geist?» Lilith staunte. Was Herr Jürgens dann sagte, verstand sie nicht. Die Wörter huschten durch den Korridor, kreisten um die Deckenlampe, streiften das Bild mit dem Segelschiff auf bewegter See und verschwanden dann im matten Glanz des Garderobenspiegels. «Ja, über den heiligen Geist. Aber je länger ich schreibe, desto mehr merke ich, dass ich nicht über ihn schreibe, sondern eher mit ihm über das Leben.» Herr Jürgens fuhr mit dem Federkiel nachdenklich über die leicht geöffnete Handfläche. «Und über die Unterscheidung der Geister ... Danke, Lilith. Vielleicht bringt mich dein Geschenk auf eine Idee. In der Schwebe des Lebendigen, da ist Gott.»

In der Schwebe fühlt sich Lilith auch. Hinter geschlossenen Augenlidern zerstieben ihre müden Gedanken wie Funken – in Richtung Burnout. In der Woche nach Pfingsten muss sie die Englischprüfung bestehen. Die Betonung liegt auf *müssen*. Wie sehr hat sie genug davon, zielstrebig, effizient und kompetent zu sein. Ihr Herz beginnt doppelt so schnell zu klopfen, ihr Kopf findet auf dem Kissen keine kühle Mulde mehr. Nicht jetzt, sagt sie sich. Morgen darfst du dich darauf einlassen, morgen beziehungsweise heute, nach dem Gottesdienst. Seit zehn Jahren ist Lilith Musiklehrerin, ihr Traumberuf. Aber nach den Sommerferien gilt es, auf Englisch zu unterrichten. Immersion nennt man das: Einbettung des Schulalltags in globale Anforderungen, Eintauchen in ein umfassendes Ganzes, Ende der babylonischen Sprachverwirrung. Wie spricht man bloss Johann Sebastian Bach auf Englisch aus? Dies hat sie im Vorbereitungskurs nicht gelernt, stattdessen Business-English, Lifestyle-Themen, Work-Life-Balance. Heisst es eigentlich Holy Ghost oder Holy Spirit? Oder etwa Holy Mind? Egal, der Zeitgeist bläst weder vom ersten Schöpfungstag noch von Pfingsten her, wo doch alle für sich schauen, was ihnen guttut, und dabei von rundherum vorgeschrieben bekommen, worauf sie gut schauen müssen. Lilith denkt an die Worte aus der Tenorarie, deren tieftraurige Melodie sich um ihr Herz schmiegt. «O Seelenparadies, das Gottes Geist durchwehet, der bei der Schöpfung blies, der Geist, der nie vergehet. Auf, auf, bereite dich, der Tröster nahet sich.»

Nachdenklich rollt Lilith die Feder zwischen den Fingern hin und her. Den ersten Brief erhielt sie kurz nach der Begegnung unter der Tür. Es war ein Abschnitt aus dem Text, an dem Herr Jürgens arbeitete: Im Mittelalter, als Mönche sich noch mit Gänsefedern über Pergamente beugten, habe man viel dafür gegeben, um in den Besitz von Reliquien zu gelangen und ihnen zu huldigen. Mit einem Splitter vom Kreuz wäre man wohl ein Leben lang von Problemen verschont geblieben. Wer es glaubte. Die Reformatoren glaubten es nicht. Ihnen war der Reliquienkult ein Dorn im Auge. Warum Leichenteile anhimmeln? Um etwa selbst dem Himmel näher zu kommen? Martin Luther habe sich noch als alter Mann über die prahlerische Reliquiensammlung des Mainzer Erzbischofs lustig gemacht, indem er flugs eine Reihe neuer Reliquien erfunden habe. Darunter: zwei Federn und ein Ei vom Heiligen Geist. Die Gaben des Geistes liessen sich nicht erzwingen, führte Herr Jürgens weiter aus. Er entfliehe, wenn man ihn für persönliche Eitelkeiten instrumentalisiere. Weil man sich allerlei materieller Dinge und virtueller Welten zur Hebung der Stimmung bedienen könne, meine man fälschlicherweise, so auch über die Wirkkraft des Heiligen Geistes zu verfügen. Ihm Raum geben, um ihn bitten, ihm entgegenarbeiten mit vereinten Kräften, das sei menschenmöglich. Wer die Geister unterscheide, wisse aber auch, dass der Wind wehe, wo er wolle. Ungefähr so stand es im Brief.

Während Lilith in der Stadt Gesang studierte, sah sie Herrn Jürgens kaum noch. Ihre Eltern hatten ihn einige Male mit dem Auto zum Arzt begleitet. Seither ging eine Pflegerin ein und aus. Mit schlechtem Gewissen, dass sie nie mehr bei ihm angeklopft hatte, schickte ihm Lilith eine Einladung zu ihrem Diplomkonzert. Postwendend erhielt sie seinen zweiten Brief. Im Umschlag lag die Feder, die nun am Kiel von Tinte geschwärzt war. «Vielleicht hilft sie. Gutes Gelingen», stand auf der Karte. Die Buchstaben waren ungelenk wie von einer kindlichen Geheimschrift, unter Freunden ausgetauscht. Als Lilith über Weihnachten zu Hause war, ging sie zu Herrn Jürgens Grab und steckte seine Feder tief in die gefrorene Erde.

Lilith löscht die Lampe, die Feder ist ihr entfallen. Wie die Gegenstände im Dunkel der Nacht verschwinden, so vergehen ihr Hören und Sehen. Woher kommt Trost? Das, dünkt es sie noch, während sie das Daunenkissen zurechtrückt, sei die entscheidende Frage. Vor ihr öffnet sich ein Raum, als ob sie auf der Empore stünde. Säulenreihen säumen ihn und spannen Rundbögen auf, hinter denen Lilith vage Gestalten ausmacht. Immer mehr von ihnen erscheinen in den Öffnungen, durchqueren langsam den Saal, kreuzen sich und schweifen wieder aus. Hell erleuchtet ist die Mitte, wo sie sich begegnen. Es beginnt nun aus allen Richtungen zu summen. Lilith merkt, dass sie aus diesem Brausen Töne formen und zu Melodien reihen kann, so dass sie eine Bedeutung erhalten. «Von Gott kömmt mir ein Freudenschein», Bachs Schlusschoral umwogt sie nun. Sie stimmt mit ein, spürt aber zugleich: Ein kleiner Abstand bleibt. Etwas sperrt sich gegen ihren Vollendungswunsch, der die geheimnisvolle Lücke übergeht. Doch manchmal, zwischen einzelnen Stimmen, zwischen den Phrasen, in einem Harmoniewechsel oder einer Pause, geschieht etwas. Nicht von ungefähr und doch unerwartet, nicht harmlos und doch heilsam lässt es aufhorchen und Atem schöpfen. Ohne solche Momente würde die Welt in sich selbst zusammenschrumpfen. In die Lücke fliegt der Heilige Geist.

Es könnte sein, dass ein Vogelruf die Nacht durchbricht, wie der Morgenstern dem ersten Dämmerlicht entgegen. Von welchem Baum, von welchem Hausdach die Amsel auch singt, sie überglänzt das monotone Ostinato der ersten Flugzeuge, die zum Landeflug ansetzen. Ob Lilith es hört? Sie schläft – und erwacht erst, als etwas sie an der Hand kitzelt.

Es fühlt sich an wie ein Taktstock, der fragil und beweglich den Widerstand der Luft erspürt und sich von ihr tragen lässt.

Die Antwort auf dem Silbertablett

HANS HERRMANN

Von Haus aus war Sebastian Musiker – Pianist, um genau zu sein. Mit dem Klavier verdiente er aber schon lange nicht mehr sein Brot, eine Erbschaft hatte ihn finanziell unabhängig gemacht, und seine wahre Liebe galt ohnedies nicht den weissen und schwarzen Tasten seines Instruments, sondern der Tastatur seines Computers. Das Wort «Naturtalent» traf den Sachverhalt nur unzulänglich: Sebastian war ein Genie, ein autodidaktischer Mozart der Informatik.

Die Welt liess er an seinem herausragenden Können jedoch nicht teilhaben, er betrachtete es als ganz persönliche Angelegenheit, als eine Art Gottesdienst, den er wie ein Mönch in aller Abgeschiedenheit feierte, jeden Tag von Neuem bis weit in die Nacht hinein.

Seine Spezialität war die Künstliche Intelligenz. Auf dem Gebiet der KI hatte er erste Ergebnisse erzielt, als andere noch am Suchen waren, und viele Möglichkeiten der Anwendung hatte er rascher als die Konkurrenz erfasst und umgesetzt. Seine leistungsstarken Rechner liess er komponieren und malen, Theaterstücke schreiben, Unterhaltungsfilme aller möglichen Genres produzieren, die Zukunft der Welt prognostizieren, gedanklich die Geheimnisse des Alls vermessen und mit ihm philosophische und kulturhistorische Gespräche führen.

Transzendenz aber, die unmittelbare Erfahrung einer höheren Wirklichkeit, blieb Sebastian bei alledem verwehrt, und er bedauerte dies sehr.

In diesem Jahr, irgendwann nach Ostern, als schon Pfingsten in Sichtweite war, kam Sebastian der Gedanke, sich mit seinen Mitteln dem Geheimnis des Heiligen Geistes zu nähern. Denn von diesem Mysterium erhoffte er sich endlich den Durchbruch in die Sphäre höchster Erkenntnis und spiritueller Entrückung wie ein Meditierender, der eins wird mit dem Atem der Welt.

Als Meister der Informatik lag es nahe, dass sich Sebastian der Künstlichen Intelligenz bedienen wollte, um in Kontakt mit dem Heiligen Geist zu treten. Über diesen Geist wusste er wenig, er erinnerte sich aus dem Religionsunterricht und gelegentlicher Bibellektüre aber immerhin an die Erzählung aus der Apostelgeschichte im Neuen Testament: Als der auferstandene Jesus in den Himmel entrückt worden war, sandte er seinen Jüngern an Pfingsten während einer Versammlung in einem Haus den Heiligen Geist, der sich in einem Brausen offenbarte und in Zungen, die sich wie Flammen den Jüngern auf den Kopf legten. Und die Jünger wurden erfüllt vom Heiligen Geist und fingen an zu predigen in anderen Sprachen, wie der Geist ihnen zu reden eingab. Und von da an waren die Jünger Apostel, nämlich Verkünder der frohen Botschaft des Auferstandenen.

Es hatte etwas Geheimnisvolles, Unfassbares mit dem Heiligen Geist. Unter Gott und seinem Sohn Jesus Christus konnte sich Sebastian etwas vorstellen: eine kraftvolle, souveräne, grosszügige, aus dem Vollen schöpfende, zuweilen unberechenbare Vatergestalt, daneben den Sohn, der dem Vater zugetan war und dessen bald anbrechendes Reich ankündigte, in Predigten, Ansprachen, Gleichnissen und Wundertaten.

Aber der Heilige Geist? Dieser entzog sich Sebastian und blieb ihm ein Rätsel. Bei seinen Recherchen stiess er auf eine Bibelstelle, die ihn interessierte. Jesus sagt dort: «Alles wird den Menschenkindern vergeben werden, alle Sünden und alle Lästerungen, so viel sie auch lästern mögen. Wer aber den Heiligen Geist lästert, für den gibt es in Ewigkeit keine Vergebung, sondern er ist ewiger Sünde schuldig.»

Laut diesen Worten musste der Heilige Geist das Höchste sein, die Essenz, die Erfüllung, der Kern des Seins, das Ewige, Unverrückbare, Unantastbare, Unlästerbare. Zu diesem heiligsten Kern wollte Sebastian vordringen. Die spirituellen Eingebungen eines frommen Gemüts waren ihm von Natur aus verwehrt, dafür aber gebot er über einen analytischen Geist und modernste Technologie, deren Beherrschung er mit Fug und Recht ebenfalls als Gottesgabe glaubte ansehen zu dürfen.

Einem gestalterischen Impuls folgend, hinterlegte er seinen Bildschirm mit dem Ausschnitt eines Gemäldes von Caravaggio. Die gezoomte Partie zeigte das abgeschlagene Haupt Johannes des Täufers, wie es der Henker zur Präsentation auf das Silbertablett gelegt hatte: den blassen, in sich gekehrten Kopf eines heiligen Mannes, der im Augenblick des Todes noch etwas hatte sagen wollen, wie seine halb offenen Lippen erahnen liessen.

Diese Lippen wollte Sebastian zum Sprechen bringen, wollte sie vom Heiligen Geist künden lassen, damit er spätestens an Pfingsten dessen Geheimnis kannte.

Zu diesem Zweck fütterte er die KI mit Befehlen, die sie anweisen, im weltweiten Netz alles zu lesen, was sich über den Heiligen Geist nur lesen liess: Bibelstellen, gelehrte Abhandlungen, mittelalterliche Hymnen, mystische Gebete, esoterische Spekulationen, barocke Lieder und zeitgenössische Lyrik, und dies alles in allen Zungen dieser Welt. Daraufhin wies er den Rechner an, das Gelernte zu eigenen Abhandlungen zu verarbeiten und in allen bekannten literarischen Formen durchzuspielen, vom Drama bis zum Kurzgedicht, vom Roman bis zum Aphorismus.

Dann, endlich, kam der grosse Moment. Sebastian war geradezu ein bisschen feierlich zumute. Er setzte sich an den Bildschirm und gab seine Anweisung ein: «Heiliger Geist, offenbare dich mir.»

Sebastian wartete. Einige Sekunden lang tat sich nichts. Dann aber bewegte sich Johannes' Mund, und aus den Lautsprecherboxen erklang eine samtene männliche Stimme, wie Sebastian sie programmiert hatte: «Wisst ihr nicht, dass ihr Gottes Tempel seid und der Geist Gottes in euch wohnt? Der Tempel Gottes ihr seid nicht wisst, und wohnt der Geist Gottes? Jeder von euch lasse sich taufen, so werdet ihr empfangen die Gabe des Heiligen Geistes und das, was ihr über den Tempel nicht wisst. Die Gemeinschaft des Heiligen Geistes sei mit euch allen, die ihr wisst und fastet im Gottesdienst! Denn es sprachen Barnabas und Saulus durch den Heiligen Geist im Tempel Gottes, von dem ihr nicht wisst, dass ihr ihn seid.»

Dies und viel Ungereimtes mehr sprach das Haupt des Johannes aus dem Monitor, es waren hauptsächlich zerstückelte Bibelverse über den Heiligen Geist, willkürlich neu zusammengesetzt und ohne den Erkenntnisgehalt, den sich Sebastian erhofft hatte. Enttäuscht und auch etwas genervt schaltete er die KI aus.

Pfingsten nahte, und weil sich Sebastian fest vorgenommen hatte, bis dahin dem Geheimnis des Heiligen Geistes auf die Spur gekommen zu sein, versuchte er es in den drei verbleibenden Tagen noch manches Mal, verbrachte Stunden am Bildschirm, aber der Durchbruch wollte sich nicht einstellen, nur ein wirrer Kopf.

Es war die letzte Nacht vor Pfingsten, als Sebastian beschloss, das Projekt als gescheitert zu betrachten. Müde und frustriert legte er sich schlafen. Auch der Monitor versank in einen wohlverdienten elektronischen Schlaf. Nur der Rechner lief im Stand-by-Modus weiter.

Eine halbe Stunde nach Mitternacht erwacht Sebastian. Irgendetwas ist mit seinem Computer im Gang. Aus den Boxen ertönt ein seltsames, leises, gläsernes, hochstimmiges Summen wie von einem geschlechtslosen Chor. Sebastian steigt aus dem Bett und geht zum Arbeitstisch, wo der Bildschirm wundersam wieder erwacht ist; das Haupt des Johannes leuchtet mild, und um seine Haare spielen flammenartige Zungen. Diese Flammen scheinen sogar aussen am Bildschirm zu sitzen; Sebastian glaubt zu sehen, dass der Computer im Feuer brennt und doch nicht verzehrt wird.

Er ahnt es nicht nur, er fühlt Gewissheit: Diesmal wird es nicht die KI sein, die zu ihm spricht, sondern wirklich der Heilige Geist. So setzt er sich klopfenden Herzens an die Tastatur und schreibt: «Heiliger Geist, offenbare dich mir.»

Nach drei, vier Sekunden verebbt das Summen des Chors zu einem leisen Hintergrundakkord, die Flammen am Bildschirm stehen still, während das Haupt des Johannes auf dem Silbertablett die Lippen bewegt und leise, aber klar und deutlich diesen Satz spricht:

«Ich bin der Anfang, der über den Wassern schwebt, ich bin das Ende; wundersam hörst du mich in der Stille.»

Freut euch des Lebens

KATHRIN BOLT

Carla wartet nervös auf dem Parkplatz vor dem Kirchgemeindehaus. Sie schaut auf die Uhr. Ob er doch noch im letzten Moment einen Rückzieher gemacht hat?

Es wäre nicht das erste Mal. Carla hat Jonas schon oft eingeladen. An Weihnachten, Ostern oder zu seinem Geburtstag. Er freute sich jedes Mal im Voraus. Und dann, wenn es so weit war, hiess es: «Herr Brand möchte heute nicht aufstehen.» Aus diesem Grund war sie zunächst im Gespräch mit der Heimleiterin zurückhaltend gewesen, als diese fragte, ob sie versuchen würde, ihren Bruder zu einem «Offenen Singen» zu bewegen. «Er möchte singen? Hat er das so gesagt?», fragte Carla verblüfft. Die Heimleiterin antwortete ausweichend: «Es würde ihm guttun, mal wieder rauszukommen und etwas zu erleben.» Dem konnte Carla nicht widersprechen. Es war trostlos, mitansehen zu müssen, wie Jonas in diesem Heim lebte, das sich auf suchtbetroffene und psychisch kranke Betagte spezialisiert hatte. Wenn Carla ihn besuchte, lag er meistens im Bett. Nackt oder in einem schmuddeligen Unterhemd. Sein fettiges, langes Haar klebte an ihm und seine einzige Motivation, eine Trainerhose anzuziehen und aufzustehen, war ein Bier, das er einen Stock tiefer holen konnte. Bier war in diesem Heim eine Art Medizin, die Jonas alle zwei Stunden bekam, sofern er die Tagesdosis von vier Litern nicht überschritt. An den verschiedenen Aktivitäten, die im Haus angeboten wurden – gemeinsames Kochen, stricken, Musik hören, Gymnastik oder Spiele spielen – nahm Jonas nie teil. Trotz schwerwiegender Hirnschäden, war er den übrigen Bewohnerinnen und Bewohnern intellektuell überlegen, und er fand in diesem Haus keinen Ort, wo er sich mit seinem Schalk und seiner im Grunde geselligen Art hätte einbringen können.

Endlich sieht Carla das Rollstuhltaxi kommen. Sie steckt ihre Hände lässig in die Hosentaschen und versucht, entspannt zu wirken. Als sie Jonas vor drei Wochen das letzte Mal gesehen hatte, fand sie ihn einfach nur eklig. Er hatte schon mehr als fünf Bierdosen getrunken, sass händefuchtelnd vor der geschlossenen Tür des Pflegebüros und schrie herum. «Warum sind hier alle so gemein zu mir?» Dann sah er Carla und rief ihr zu: «Komm, wir gehen raus. Ich will ein Bier trinken.» Sie entgegnete ruhig: «Du hast schon genug gehabt, Jonas.» Da schrie er sie an: «Klar, du weisst ja immer alles besser, du Schlampe!»

Wusste er, dass er gerade mit seiner Schwester sprach?

Carla spürt die Unsicherheit und auch einen Schmerz, als das Taxi auf dem Parkplatz vor ihr anhält. Der Fahrer steigt aus und öffnet die Tür des grossen Kofferraums. «Sind Sie Frau Brand?», fragt er und bereitet die Rampe vor, um Jonas aus dem Auto zu rollen. Carla lächelt und nickt. Sie staunt nicht schlecht, als sie ihren Bruder sieht. Ein schönes Hemd haben sie ihm angezogen. Die Haare gewaschen und gekämmt. Sogar eine Brille wurde ihm aufgesetzt. Hatte man ihr nicht gesagt, er habe sie verloren? «Jonas», sagt Carla, «wie schön, dass du da bist!» Jonas lächelt. Er hat diesen Blick aufgesetzt, der so wirkt, als wüsste er genau, wer er ist und warum er hier ist und was er als nächstes vorhat. Aber Carla merkt schnell, dass Jonas keine Ahnung von ihrem gemeinsamen Plan hat. «Gehen wir etwas trinken?», fragt er.

Carla verabschiedet den Taxifahrer und schiebt ihren Bruder ein paar Meter mit dem Rollstuhl. Dann sagt sie, so beiläufig wie möglich: «Heute gehen wir singen.» Jonas überlegt kurz. Und wie immer versucht er, den Faden aufzunehmen und das Gespräch zu führen, als wisse er Bescheid: «Ach so, Chorprobe. Habe ich die Noten da? Hätte ich etwas üben sollen?» Früher hatte Jonas in vielen Chören gesungen. Er war auch eine Zeitlang Dirigent. Ein sehr erfolgreicher sogar. Nur, dass er sich immer wieder mit seinen Sängerinnen und Sängern verkrachte, weil er keine Kritik ertragen konnte. Und weil er den Stress, der eine Aufführung mit sich bringt, nur schlecht aushielt. Es sei denn, er hatte genügend getrunken, was längerfristig auch keine gute Lösung war. Carla fragte sich immer wieder, wann das eigentlich angefangen hatte mit seiner Trinkerei. Früher, als sie beide kleine Kinder hatten, waren die Familien oft beieinander. Man ging zusammen baden, fuhr auf Booten durch die Flüsse, buchte Ferien. Klar spielte der gute Weisswein zum Apéro und der Rotwein zum Abendessen immer eine Rolle. Aber sie tranken doch alle gern und manchmal etwas zu viel. Wann fing es an, bei Jonas zur Krankheit zu werden? Warum merkte niemand von ihnen, wie er begann, Flaschen im Bad zu verstecken oder schon am Mittag Bier zu trinken? Vielleicht waren sie zu sehr mit sich selbst beschäftigt. Oder wollten es schlichtweg nicht sehen. Carla jedenfalls fand es lange Zeit völlig normal, dass Jonas ein Bier oder ein Glas Wein in der Hand hielt, wenn sie zusammen waren. Sie unterhielt sich immer gern mit ihrem Bruder, weil er so viel wusste und ein aufmerksamer Zuhörer war.

Solche Gespräche unter den Geschwistern liegen lange zurück. Irgendwann wurde Jonas regelmässig von der Polizei aufgelesen und ins Krankenhaus gebracht, und ihm wurde vom Sozialamt der Platz in diesem Heim angeboten. Unterdessen ist es kaum noch möglich, mit ihm einen einigermassen sinnvollen Dialog zu führen. Die Diagnose für Jonas Zustand lautet: Wernike-Korsakow-Syndrom. Eine Art von Demenz, irreparable Hirnschäden, als Folge des langjährigen Alkoholkonsums.

Carla schiebt ihren Bruder mit dem Rollstuhl in den Lift, während viele aktive Seniorinnen und Senioren an ihr vorbeigehen, um die paar Treppenstufen zum Saal zu Fuss zu schaffen. Der «Silver-Sing-Nachmittag» ist beliebt. Bis zu zweihundert Seniorinnen und Senioren kommen monatlich in den Kirchensaal, um mit Rolf, ihrem Lieblingsmusiker, zu singen. Rolf bringt meistens auch einen besonderen Gast mit, damit die Anwesenden nicht nur singen können, sondern auch gute Unterhaltung erleben. Heute ist der Gast eine attraktive Sopranistin.

Carla verlässt den Lift zögerlich und betritt mit Jonas den grossen Kirchensaal, in dem sich inzwischen über hundert Menschen eingefunden haben. Sie sucht einen Platz, entfernt einen Stuhl beim Mittelgang der hintersten Reihe und stellt Jonas mit seinem Rollstuhl hin. «Warte kurz», flüstert sie und holt für sie beide je ein dickes Gesangbuch mit dem Titel «Silver-Songs». Dann setzt sie sich neben ihn und schaut ihn an. Sie fragt sich, wie er sich fühlt unter so vielen Menschen. Als Einziger im Rollstuhl. Was geht ihm durch den Kopf? Wie erlebt er diese Situation? Sie schaut unentwegt zu Jonas, während dieser seine Augen nach vorne gerichtet hat, zur Bühne, die Rolf gleich betreten wird, um zu sagen: «Meine sehr verehrten Damen und Herren, wie schön, dass Sie heute da sind! Ich habe einen bezaubernden Gast mitgebracht.» Nach den ersten Klängen des Flügels taucht die Sopranistin auf, die ein langes, elegantes Kleid trägt, und beginnt zu singen. Laut und hoch sind die Töne und Carlas Blick wandert von der Sopranistin zu Jonas und zurück. Sie spürt, wie ihr heiss wird. Was mutet sie ihm zu? Jonas starrt mit grossen Augen auf die Frau, die vorne auf der Bühne singt, und versucht ungeschickt, das dicke Gesangbuch zu halten. Carla nimmt es ihrem Bruder ab und legt beide Gesangbücher auf ihre Oberschenkel. Sie spürt, dass Jonas eingenommen wird von der Musik und dieser Frau und ekelt sich schon fast wieder ein wenig beim Gedanken daran, wie oft Jonas davon spricht, dass er doch gern wieder mit einer Frau zusammenleben würde.

«Selber schuld», denkt sich Carla. «Was hast du einst für Chancen gehabt!»

Doch dann sieht sie, wie er anfängt, beglückt in seine Hände zu klatschen. Der ganze Saal klatscht und jubelt begeistert nach der ersten Arie der Sopranistin. Und Carla entwischt ein Lächeln beim Gedanken daran, wie Jonas schon früher vor dem Chor den Takt genauso geklatscht hatte. Immer mit der linken Hand unten und der rechten oben. Jonas klatschte nicht, in dem er die Hände von rechts und links in der Mitte zusammenführte, sondern sozusagen «von oben herab». Carla hat nicht damit gerechnet, ihren Bruder noch einmal so klatschen zu sehen.

«Jetzt singen wir Nummer 137», sagt Rolf und im Saal beginnt ein grosses Blättern und Suchen. Carla schlägt ihrem Bruder die richtige Nummer auf und legt ihm das Buch behutsam auf den Schoss. Etwas verwirrt hält er das Buch mit seinen dicken, ungeschickten Fingern, und sie sieht, wie er mit den Augen den richtigen Abstand sucht, um darin lesen zu können. Rolf haut in die Tasten und animiert die Sängerinnen und Sänger, in hohem Tempo den Kanon «Ade bini loschtig si» zu singen. Gespannt beobachtet Carla Jonas. Das Lied müsste er kennen von früher. Und je weiter Erinnerungen zurückliegen, desto eher kommen sie im Hirn von Jonas zurück. Doch kann Jonas folgen? In diesem Tempo? Kann er denn überhaupt noch singen? Carla beobachtet und sieht, dass ihr Bruder anfängt, ein bisschen mit dem Fuss zu wippen. Und ja – im Gesicht regt sich etwas. Noch ertönt kein Laut aus seinem Körper. Aber Carla spürt schon nach diesen wenigen Minuten, dass dieser Moment, den sie mit Jonas hier erlebt, anders ist als die vielen trostlosen Begegnungen, in denen sie versucht, mit ihrem Bruder in ein Gespräch zu finden, das sich doch höchstens um das nächste Bier dreht.

«Lustig ist das Zigeunerleben», brüllt Rolf ins Mikrofon und spielt schon eine virtuose Einleitung. «Darf man dieses Lied heute noch singen?», fragt sich Carla. Doch dann sieht sie, dass Jonas selbst in seinem Buch blättert und problemlos die richtige Nummer findet. An seinen Armen sind die Verletzungen der vielen Stürze sichtbar. Auch am Kopf verrät eine frische Narbe, dass er unlängst einen Unfall gehabt haben muss. Doch diese Zeichen seines ungesunden Lebenswandels spielen jetzt keine Rolle. Jonas sitzt so aufrecht in seinem Rollstuhl, wie Carla ihn noch nie gesehen hat. Er riecht gut nach Shampoo und sieht fast schon wie ein ganz normaler älterer Herr aus. Mit beiden Händen hält er das Buch und liest den Text mit. Wobei Carla sich fragt, ob er am Lesen ist oder ob er sich der Erinnerung an dieses Lied hingibt und einfach mitsingt. Die meisten Worte gehen für Jonas noch etwas schnell. Aber als der Refrain kommt, hört Carla ein «Faria Faria Ho» neben sich. Die Rührung darüber erfasst ihren ganzen Körper. Ihre Augen füllen sich mit Tränen und sie versucht, diesen besonderen Moment mit ihrem Bruder zu geniessen. Wie oft hatte sie darüber nachgedacht, was sein Leben hier überhaupt noch soll. Was ihm noch Freude machen könnte, ausser Bier und Frauen, wenn er doch keinem Gespräch mehr folgen, geschweige denn aus eigenem Antrieb etwas unternehmen konnte. Und jetzt spürt sie einen Lebensfunken in ihrem Bruder, von dem sie nicht mehr geglaubt hat, dass es ihn noch gibt.

Jonas schaut erstaunt zu seiner offensichtlich gerührten Schwester, die sich Tränen von den Augen abwischt. Dann sucht er mit zittrigen Fingern die nächste Nummer. Und singt: «Freut euch des Lebens, weil noch das Lämpchen glüht.»

Nach zwei Stunden wartet Carla erneut auf das Taxi. Sie hält die Griffe von Jonas' Rollstuhl fest in ihren Händen und wünscht sich für einen Moment, sie könnte auch diesen Nachmittag festhalten. Diese Zeit mit Jonas, der in diesen Stunden wieder und wieder begeistert in seine Hände geklatscht hat und im dicken Buch geblättert hat, geduldig und konzentriert. Und tatsächlich gesungen hat. Von Lied zu Lied ein bisschen mehr.

«Komm gut nach Hause», sagt sie zu ihrem Bruder nach einer kurzen Umarmung. «Magst du wieder einmal mit mir Singen kommen?» Jonas lächelt und nickt. Und dann stösst der Taxifahrer den Rollstuhl in den Kofferraum und bindet ihn fest. Carla weiss, dass Jonas zum Abendessen ins Heim fährt und aktiv nichts mehr von diesem beseelten Nachmittag wissen wird, wenn er seinen Teller vor sich hat, aber vielleicht wird ihm ein gutes Gefühl bleiben. Sie winkt Jonas ein letztes Mal zu. Während sie Richtung Stadt läuft, pfeift sie das Lied «Freut euch des Lebens» und spürt, dass auch sie heute ein Stück Lebensfreude erfahren hat.

In mir entzündete sich ein Feuer

CORINNE DOBLER

«Ich schwör, sie lebt. Auch wenn sie mir eine Todesanzeige schickten, bin ich sicher, dass sie noch auf dieser Erde ist.» Er schaut mich mit durchdringendem Blick an. «Als man mir sagte, dass sie tot ist, reiste ich zu ihrem Elternhaus. Kaum war ich beim Gartentor angelangt, kam mir ihr Hund entgegen. Er bellte, sprang hoch und war so freudig, dass ich wusste, sie kann nicht tot sein.»

Er zieht an der Zigarette, formt mit den Lippen einen Kreis und bläst ein paar Rauchringe in die Luft. Wir schauen ihnen nach, bis sie sich in der Luft auflösen.

«Ich ging zur Gemeindeverwaltung und fragte, wann sie denn gestorben und wo sie beerdigt sei. Sie sagten mir, sie wüssten es nicht.»

Ich weiss nicht so recht, was ich von seiner Geschichte halten soll, und nicke stumm. Manchmal ist die Sehnsucht grösser, als die Bereitschaft, der Realität ins Auge zu blicken.

Als ob er meine Zweifel spürt, richtet er sich auf und kommt mit seinem Gesicht ganz nah an meines heran: «Wenn du so etwas erlebt hast wie ich damals, dann würdest du wissen, dass sie noch da ist. Und du würdest es fühlen. Das ist eine Herzenssache, keine Kopfsache. Bei Gott!» Er schlägt sich mit der rechten Hand auf die linke Brust. «Denn da ist eine Liebe, das sag ich dir, die ist grösser als alles auf dieser Welt. Sie ist grossartiger als alles, was ich jemals fühlte. Und du weisst ja, was ich schon alles erlebt habe, das war nicht wenig.» Er lächelt mich spitzbübisch an. Mir fallen seine Reisen rund um die Welt ein, seine Abenteuer in den verschiedenen Untergründen der Welt und seine Gefängnisaufenthalte. Er fährt fort: «Solange ihre Liebe noch in mir drin ist, ist sie noch da.»

Er setzt sich gerade auf in seinem Bett und holt aus, um mir die ganze Geschichte zu erzählen: «Weisst du, es war damals vor fünfzehn Jahren an Pfingsten.» Er zündet sich nochmals eine Zigarette an, zieht aber nicht daran, sondern hält sie, als hätte er sie schon wieder vergessen, zwischen seinen Fingern fest.

«Ich wollte meinem Leben ein Ende machen. Ja, ich sag's dir so direkt. Da gab's nichts mehr, was mich hielt auf diesem Planeten. Ich hatte die Drogen, die Medikamente und das letzte Bier dabei und beschloss noch ein letztes Mal auf diese Sitzbank beim Limmatplatz zu sitzen. Es war ein aussergewöhnlich windiger Tag. Als ich in die Tasche griff und nachsah, ob die Tabletten und die Drogen noch da waren, blies mir ein Windstoss alles aus der Hand und verstreute es auf dem ganzen Platz. Mit Müh und Not konnte ich alles einsammeln und wieder in meiner Tasche versorgen. Ich setzte mich hin und musste mich nochmals sammeln und meine Kraft aufbieten für den letzten Akt.

Ich wartete, bis ich wieder normal atmen konnte und zog mir die Welt nochmals rein. Und dann spürte ich definitiv: Es war Zeit, Abschied zu nehmen von dieser leidvollen Welt. Als mir klar wurde, dass meine Schmerzen und die ganze Sinnlosigkeit ein Ende haben würden, war da plötzlich eine Ruhe in mir. Es war sozusagen windstill. Während es aussen um mich herum tobte. Ein Bus hielt an, Menschen stiegen aus. Und unter all diesen war SIE! Sie stach heraus unter allen», seine Augen beginnen zu leuchten. Seine Freude steckt mich an.

«Eine Schönheit, sag ich dir. In mir entzündete sich ein Feuer. So etwas habe ich noch nie in meinem Leben gespürt. Trotz aller Freundinnen, Affären und ... Ach, du weisst schon. Aber ich sage dir: Noch nie habe ich so was gesehen! Sie war überirdisch ... Ein himmlisches Wesen ...» Ich spüre, wie er nach den richtigen Worten sucht. «Ihr Gang war, als würde sie schweben. Engelhaft! Nein, mehr als das!», er atmet tief ein und aus. «Äusserlich war ich wie versteinert und innerlich fühlte es sich an, als würde ich brennen. Bei Gott, ich sag dir, sowas hatte ich noch nie erlebt.» Er legt eine Pause ein und sein Blick wandert durch das Zimmer, als würden sie etwas suchen.

«Und dann verschwand sie zwischen den Bussen. Ich verlor sie aus den Augen. Der Wind hörte schlagartig auf und der ganze Limmatplatz sah mit einem Mal ganz anders aus. Als hätte sich das Scheinen der Sonne verändert. Alles war in ein anderes Licht getaucht. Ich versuchte herauszufinden, wo sie hin war. Konnte aber nichts erkennen.» Noch immer scheint sein Blick etwas zu suchen. «Und dann begann es tief in mir zu rumoren. Das Feuer in mir verwandelte sich in pure Freude, Bewegung kam in meinen Körper. Mit einem Mal glaubte ich, dass alles möglich sein könnte, Wunder, Liebe und all das, du weisst schon.» Er nimmt einen tiefen Zug von seiner Zigarette, die mittlerweile schon fast bist auf seine Finger abgebrannt ist. Er legt den Rest in den Aschenbecher, um mit seinen Händen seine Erzählung zu untermalen. «Und dann stand sie plötzlich wie aus dem Nichts direkt vor mir und blickte mich an.» Seine Hände formen einen Kreis, als würde er einen Zaubertrick zeigen und ich muss mich beherrschen, um nicht loszulachen. «Ich erschrak und mir stockte der Atem. Als ich aber in ihre Augen sah und die pure Liebe fühlte, die sie ausströmten, verstand ich, dass in ihr das gleiche Feuer war, das auch ich in mir spürte. Sie streckte mir ihre Hand entgegen und fragte: «Hesch mir es paar Rappe?» Ich brauchte eine Ewigkeit, um Luft zu holen und ihr zu antworten: «Was es paar Rappe? So ein wunderbares Wesen wie du brucht doch nöd es paar Rappe!?» Und da habe ich ihr meine letzte 20er-Note in die Hand gedrückt. Sie nahm sie wortlos mit einem sanften Lächeln und weg war sie. Diese Begegnung änderte mein Leben: Ich wurde von so einer kolossalen Liebe erfasst, dass ich keinen Gedanken mehr daran verschwendete, sterben zu wollen. Die Hoffnungslosigkeit war wie weggeblasen. Ich gab mein Vorhaben auf und ging zurück ins Spital. Die Liebe loderte wochenlang in mir weiter und begann, meine Seele zu heilen. Weisst du so von innen heraus. Meine äusseren Wunden verheilten. Mir gelang es, einen Drogenentzug machen. Seither brauche ich nur noch das Bier und das Gras, aber du verstehst, das ist Grundbedarf.» Er grinst mich schräg von der Seite an und stösst mich sanft in die Rippen.

«Ich konnte wieder auf eigenen Beinen stehen, mein Leben in die Hand nehmen. Und ein paar Wochen später wurde ich entlassen und bekam ein Zimmer in der Nähe. Ich richtete mich ein und diese Liebe war in mir, die mir die Freude und Lust am Leben wieder geweckt hatte. Ja, ich hatte was mit ein paar Frauen. Aber das kam nicht im Geringsten an das heran, was ich damals spürte, als ich sie gesehen hatte.» Er lächelt still vor sich hin, als würde er seine Begegnungen nochmals in Gedanken durchgehen. Dann fasst er sich wieder und fährt mit seiner Geschichte fort: «Das Haus, in dem ich wohnte, war recht hellhörig. Man hörte jedes Geräusch im Flur. Und als ich eines Tages im Zimmer sass und mir gerade eine Zigarette drehte, ging unten im Haus die Tür auf und eine Stimme erklang, die all diese Liebe in mir wieder entfachte. Sie war es! Ich rannte die Treppe hinunter zu ihr, klammerte mich an sie und sagte ihr: ‹Egal was du tust oder denkst, ich werde dich für den Rest meines Lebens lieben.› Ehrlich gesagt war ich selbst überrascht über das, was aus meinem Mund kam. Aber es war echt und genauso gemeint. Sie lachte mich an und befreite sich aus meiner Umarmung. Und so kam es, dass sie einen Stock über mir einzog. Wir hatten eine grossartige Zeit zusammen

Sie liebte mich, wie ich war, und wenn ich mal ausser mir war, sprach sie einfach ein paar besänftigende Worte und alles war wieder gut. Sie war ein Wunder! Noch nie konnte jemand mit mir so umgehen wie sie. Und egal mit wem ich sonst noch was hatte, an unsere Liebe kam nichts und niemand heran.» Er hält einen Moment inne und seine Hand sucht nach der Dose Bier, die auf dem Tischchen stand. Etwas ungeschickt ertastet er die Dose und nimmt einen kräftigen Schluck. Sein Blick wird traurig. «Eines Tages verschwand sie. All ihre

Sachen waren noch da, aber sie tauchte nicht mehr auf. Ich versuchte, sie zu erreichen, fragte herum, wo sie ist. Niemand wusste etwas. Und dann zwei Wochen später lag plötzlich diese Todesanzeige in meinem Briefkasten.»

Fritz öffnet die kleine Schublade neben seinem Bett und zieht eine verknitterte Todesanzeige hervor mit dem Foto einer wunderschönen Frau darauf. Er hält sie mir direkt vors Gesicht:

«Siehst du», er zeigt mit dem Finger drauf: «Geburtsdatum, Todesdatum. Aber nirgends ein Hinweis, wo sie bestattet ist. Nichts!» Er haut mit der Faust auf die Todesanzeige, um sie dann wieder sorgfältig zu glätten und wie einen Schatz in seiner Schublade zu versorgen.

«Und tief in meinem Herzen spüre ich, die Liebe ist noch da!» Er legt seine beiden Hände auf seine Herzgegend und schaut mich mit leuchtenden und hoffnungsvollen Augen an.

«Ihre Liebe hat mich all die Jahre am Leben erhalten. Tief in mir glüht sie noch. Und ich hatte nie mehr einen Moment, in dem ich sterben wollte. Und du kennst ja meine Geschichte mit dem Unfall, als ich vom Balkon fiel, dreimal den Rücken brach und sonst noch sämtliche Knochen, du weisst von den zahllosen Operationen und Krankheiten. Aber egal, wie viele Schmerzen ich hatte, diese Liebe trug mich durch alles hindurch. Diese Liebe geht tiefer und weiter als alles andere.» Erschöpft lässt er sich zurück ins Bett fallen.

«Aber wer weiss, vielleicht ist es ja bald so weit und der Krebs gewinnt. Dann wär's das gewesen. Aber sogar das macht mir keine Angst mehr, weil ihre Liebe immer noch da ist.»

Wir schweigen beide und schauen zum Spitalfenster hinaus.

«Und weisst du was?», ergänzt er leise. «Sollte sie wirklich tot sein, werde ich sie drüben wiedersehen. Und wenn nicht, dann werde ich auf der anderen Seite auf sie warten, bis sie kommt.»

(Nach einer wahren Begebenheit)

Glenda

ROMANA GANZONI

Nach bestimmt vierzig, eher fünfzig Tagen Depression kam Glenda. Zum Glück, sage ich jetzt, aus ihrer Sicht sage ich das, die Unbeschwerte sieht sich als Wunderheilerin von Gottes Gnaden und Mehrwert für alle Menschen … Nein, das ist nicht fair, nicht nur aus ihrer Sicht ist es nicht fair, mir gegenüber ebenfalls, denn es war ein Glück, auch für mich, die ich mich nicht als Wunderheilerin sehe, schon gar nicht von Gottes Gnaden, aber als Geschichtenerzählerin, eine begeisterte dazu, und da das Wort Geist in *begeistert* steckt, bin ich nicht nur zufrieden mit Glenda und mir, ich nehme Wort und Verfassung

wie eine Knolle, woraus meine Pfingstgeschichte spriessen soll.

Ich schreibe unsere Begegnung auf, Glenda, ich grüsse dich herzlich, wo auch immer du sein magst. Ich bin in der Schweiz und habe mich in den letzten fünf Jahrzehnten recht gut eingelebt. Ich höre, wie du mit gelöster Zunge zu mir sprichst, deine Zunge bewegt sich frei in deinem Mund, ich spüre deine Hand auf meinem Kopf und sehe deinen ernsten Blick, der in eine andere Welt geht, während du mich retten willst.

Danke, dass du an dieser Rettung gearbeitet hast. Ich schreibe das ganz ohne ironischen Unterton. Danke, Glenda. Ich habe deinen Namen nachgeschaut, er ist walisisch und bedeutet: sauber, rein, heilig. Mein Name bedeutet: die Römerin. Trotz der reichen Bedeutung deines Namens und der banalen geografischen Zuordnung für den Meinen, passen unsere Namen zusammen, zumindest in diesen Sätzen. Und auch auf einem Ansteck-Button sähen wir prima aus: Glenda & Romana.

*

Als Glenda vor über dreissig Jahren auftrat und mitten in eine meiner depressiven Phasen platzte, wusste ich noch nicht, dass ich irgendwann in der Zukunft als Autorin wirken und die Ereignisse zu Papier bringen würde. Wie froh bin ich heute, der Geschichte nicht entflohen zu sein. Die Begegnung mit Glenda entsprang nicht einem genuinen Wunsch oder Interesse meinerseits, sie kam zustande, weil mir die Kraft fehlte, abzuwinken oder fortzulaufen, als die Saubere und Reine frischfröhlich auf mich zusteuerte, um mir pralle Stunden zu verschaffen.

Der Mensch hat im Schnitt 672 000 Stunden zu leben, das klingt nach viel und entspricht 4000 Wochen, was nach wenig klingt, und davon hatte ich bereits einiges vertrödelt, sicher zwei volle Jahre, macht 104 Wochen, 17 472 Stunden. Dafür bitte ich mit diesem und allen Texten, die ich schreibe, um Verzeihung, ich hatte nie vor, «dem Herrgott den Tag zu stehlen», denn das soll der Mensch nicht tun, sagte meine Grossmutter. Da lag sie bestimmt richtig. Genützt hat es nichts.

Glenda war locker drauf, als sie den Raum durchquerte, sie hatte diesen unwiderstehlichen Hüftschwung und strahlte die Sicherheit einer Katze mit sieben Leben aus, ein Leben im Diesseits, mindestens sechs Leben drüben, ganz in der Nähe Gottes, Jesu und des Heiligen Geistes. Den Heiligen Geist fand ich toll und geheimnisvoll, als Kind vermutete ich, er habe drei Zuhause, eines im Himmel und zwei weitere im Flimmern und im Testbild des Fernsehers.

Den Fernseher und die Programme, die er zeigte, fand ich auch toll. Wenn der Fernseher nicht funktionierte oder nicht sendete, war ich nicht komplett, da musste etwas dahinterstecken, irgendein

Sinn, wahrscheinlich sollte der Mensch daran erinnert werden, dass er nicht nur von Brot, Wein, Pink Panther und dem Trio Eugster lebt. In der depressiven Phase brauchte ich jeweils fast kein Brot, ich hungerte, Wein war kein Thema, ich trank keinen Alkohol, dafür dürstete ich nach sehr viel Unterhaltung.

Aber zurück zu Glenda, die mit all den göttlichen Instanzen auf Du und Du war und bestimmt das Charisma besass, den Heiligen Geist aus dem Testbild zu locken, woran ich aber noch nicht dachte, als ich sie zum ersten Mal im Café der Polyterrasse an der ETH Zürich erblickte. Es war Sommer, früher Nachmittag, ich löffelte mein kleines Birchermus ohne Schlagrahm und schaute umher, wahrscheinlich düster, mir kam der hellste Tag vor, wie wenn er aus einer mit Schutzplanen verkleideten Fassade bestünde, da blieb mein Blick an einem Tisch in der Mitte des Raums kleben, wo mich eine Frau mit knallweissen Zähnen anlachte, mir fiel ein, ich hatte meine Zähne schon tagelang nicht mehr geputzt, duschen wäre auch nicht daneben, ich fühlte mich miserabel, aber das Lachen von drüben ging nicht auf mein Befinden ein, es brach nicht ab und meinte offensichtlich weiterhin mich.

Die Frau stand auf und kam auf mich zu, ihre riesigen Augen vorneweg, ich fühlte mich schwer erblickt, was nichts anderes bedeutete, als dass ich in ihre Augen geblickt hatte, eine Seltenheit, ich schaute fremden Menschen in der Regel auf die Nase, der

Blick in die Augen kam mir zu intim vor, erst wenn die Fremden ihre Aufmerksamkeit von mir abzogen, versuchte ich zu erfassen, wie ihre Augen wohl aussahen, welche Form sie hatten, welche Farbe, ich schaute diskret, von der Seite her oder zwischen den Haarfransen, die ich mir ins Gesicht wischte, hindurch.

Jetzt stand die Lachende vor mir mit ihren grossen, runden, goldenen Augen, sie strahlte wie eine Sonne, und unter Augen, Nase und Hals trug sie eine zweite Sonne in Form einer riesigen Brosche, die an der Jeansjacke hing, darauf stand in schwarzen Grossbuchstaben *Praise the Lord* mit einer Taube, die einem Adler glich, aber es musste eine Taube sein, Adler transportieren keine grünen Zweige im Schnabel, sondern Hasen oder Kleinkinder.

Ich bin Glenda, sagte Glenda, und wie heisst du?

Romana, sagte ich, wohl etwas zu leise.

Glenda verstand Susanna, und ihr kam gleich ein Liedtext mit einem Susanna-Refrain in den Sinn. Sie begann laut zu singen, ich war perplex und peinlich berührt.

Sie setzte sich zu mir und sagte, peinlich, ich weiss, besonders in der Schweiz.

Ja, sagte ich. Genau. Unter anderem, weil ich gar nicht Susanna heisse. Mir wäre der Gesang aber auch mit meinem richtigen Namen überall peinlich, hier natürlich besonders, die ETH hat einen regelnden und stabilisierenden Einfluss auf mich, du sprengst hier grade ein bisschen Gestein weg.

Glenda sagte, ich verstehe. Aber ich sehe auch, dass der ETH-Einfluss dir grade kein Glück bringt, ja? Du schaust traurig in die Welt.

Das ist möglich, sagte ich.

Glenda hatte noch einen Termin. Morgen bin ich wieder da, den ganzen Nachmittag, sagte sie, falls du mich sehen möchtest, komm einfach wieder an den Ort des Birchermuses.

Klar, sagte ich, aber ich dachte, nein, danke, das geht mir alles viel zu schnell. Wer war diese Glenda überhaupt? Was machte sie? Wollte sie Geld? Ich hatte kein Geld.

Am nächsten Tag sass ich zur gleichen Stunde am selben Ort, bis Glenda kam, die sich setzte und sofort loslegte, als wären wir schon mitten im Gespräch. In der Gemeinde, der sie angehörte im Süden der USA, trügen alle diesen *Praise-the-Lord*-Button, wie sie die Brosche nannte, sie habe ihn designt, produzieren lassen und verteilt, ob ich auch einen wolle, leider könne sie ihn nicht gratis abgeben, ihre Freunde in der hiesigen Freikirche seien der Meinung, die Buttons müssten verkauft werden, ich könne geben, was ich wolle, möglichst viel, der Erlös komme den Armen zugute, also auch ihr, lachte Glenda. Geben heisst bekommen, sagte sie. Aber das weisst du bestimmt.

Nein, wusste ich nicht, und ich wollte auch nicht daran glauben, denn ich hatte nichts zu geben. Und deshalb würde ich also auch nichts bekommen? Toll.

Nimmst du fünf Franken?, fragte ich.

Klar, sagte Glenda. Great. Dann kramte sie den Button aus ihrer Stofftasche und heftete ihn an mein T-Shirt.

Sie machte ein Austauschjahr in der Schweiz und studierte Sinologie. Auch das fand sie zum Lachen.

Eine schwarze Sinologin, hast du das schon mal gesehen in Zürich?

Nein, sagte ich. Denn ich kenne leider keine einzige Sinologin, wurde auch mal Zeit.

Ich wusste, dass sie sich mit chinesischer Kultur und Sprache beschäftigte, zuvor hatte sie in kürzester Zeit Deutsch erlernt. Ganz schön clever, diese Glenda. Und wie stach doch das *Sin* von *Sinologie* heraus, es war eine helle Silbe, die sich selbst zu Sinn komplettierte. Sinnologin war zwar ein billiges Wortspiel, aber es sprach mich, die ich den Lebenssinn grade nicht erkennen konnte, auf eine tragikomische Weise an, so wie mich der Lord, den ich *praisen* sollte, ansprach, obwohl ich damals erst vor Kurzem «Herr», «Herrgott» und den ganzen linguistischen Männersalat verworfen hatte.

Glenda war das egal, sie nahm meine Hand und zog mich nach draussen, es war ein schöner Tag, ich bekam es erst jetzt mit. Sie liess meine Hand nicht los, zog mich nach hier und da, bis wir eine Bank gefunden hatten mit genügend Abstand zu den Leuten, die sich auch noch, unerlaubterweise, wie mir schien, auf dem Areal der Polyterrasse tummelten.

Atme ruhig, sagte Glenda, schau zu Boden, Augen zu!

Ich tat es. Da legte sie mir die Hand auf den Kopf und begann in Zungen zu reden. Mamma mia, die mimt voll die Entrückung, dachte ich, was für ein Theater. Hoffentlich sieht mich niemand, der mich kennt. Die Hand auf meinem Kopf wurde schwer und rieb meine Haare, die würden sich verknoten, auch das noch!

Dann schlief ich vielleicht ein.

Was auch immer geschah: Die Zungen gingen mit. Eine Sprache wie ein Gerücht, unsichtbar, es wuchs, liess sich überall nieder. Eine nie gehörte Sprache, aus einem Mund und doch vielstimmig, ich konnte keine bekannten Elemente erkennen, vielleicht handelte es sich um ein Gemisch, das Parther, Meder, Elamiter, Mesopotamierinnen, Judäer, Kappadokierinnen gesprochen hatten sowie Leute von Pontus und der Provinz Asien, von Phrygien und Pamphylien, Ägypterinnen, Libyer, Kyrener, Römerinnen, Kreter, Araber, Galiläerinnen. Ich wachte wohl kurz auf, schaute hoch, Glendas Gesicht war weit weg.

Vom Himmel her kam ein Brausen, wie wenn ein heftiger Sturm daherfährt, es erfüllte Terrasse und Stadt. Ich sah den Zürichsee wegfliegen und später wiederkommen, es erschienen Zungen wie Feuer, die sich verteilten, auf Glenda, mich und die anderen Menschen, zu denen wir Abstand gehalten hatten, sie wurden trotzdem bedacht und kamen nun näher, sie begannen zu reden, als wären sie betrunken, aber das Gegenteil war der Fall.

Gott giesst seinen Geist über alles Fleisch aus, sagte Glenda jetzt. Nach den Flammen flogen Tauben aus dem Himmel, sie glichen der Taube auf meinem Button. Und auch ihre Sprache verstand ich, alle verstanden die Taubensprache, und alle konnten sie sprechen. Sogar der Pudel, der jetzt auftauchte, mischte sich ins grosse Gespräch ein, welches das erste Brausen abgelöst hatte.

Er fand Trockenfutter voll daneben, bekam es aber trotzdem. Täglich!

Kannst du mir helfen?, fragte mich der Pudel.

Nein, leider nicht. Du solltest einfach die Nahrung verweigern.

Der Pudel schüttelte den Kopf, das war dann doch etwas viel verlangt.

Weisst du zufällig, ob Glenda mir etwas ins Birchermus geschüttet hat, fragte ich den Pudel.

Keine Ahnung, eher nicht, du bist doch immer ein bisschen verpeilt, oder?

Der impertinente Pudel trabte davon.

Irgendwann sah ich Glendas Blick, der wieder in dieser Welt war. Es dämmerte. Wir sprachen kein Wort. Ihre Hand glitt schlaff von meinem Kopf, dann steckte sie mir ein Zettelchen in die Hosentasche und ging. Ich blieb erschöpft sitzen. Eine Taube hüpfte vorbei und kümmerte sich nicht um mich, neben mir lachten drei Männer.

Was war passiert?

Ich ging nach Hause, um mich am nächsten Abend in der Kirche im Kreis 4 einzufinden, auf Glendas

Zettelchen hatten Adresse und Uhrzeit gestanden, darunter: Wir beten für dich. Und dem war auch so. Eine Gruppe lächelnder Menschen, die meisten in meinem Alter, beteten für mich und griffen nach mir, ich bedankte mich unaufhörlich und versprach, sehr gerne wiederzukommen, kehrte aber weder in die Kirche noch ins Café an der ETH zurück. Ich warf den Button in den Abfall und mied die Polyterrasse. Glendas Beten und Glauben hatte mich nicht geheilt, aber Glenda selbst erschien einige Male in meinem Traum.

Ich vergass ihren Namen, ich vergass Brausen und Feuer, bis ich letztes Jahr nichtsahnend über die Polyterrasse lief. Da kam mir eine Taube entgegen, sie blieb stehen und sang mit kräftiger Stimme das Lied mit dem Susanna-Refrain. Es war mir noch immer peinlich. Ich sagte zu der Taube, zieh Leine oder ich brate dich und serviere dich mit Kirschensauce.

Immer noch so dumm wie vor dreissig Jahren, wie ich sehe, sagte die Taube, schade, du bist echt nicht zu retten.

Tschüss, sagte ich.

Auf Wiedersehen, sagte die Taube.

Der Kugelblitz

CLAUDIA STORZ

Kraft und Knospen beginnen zu spriessen. Es ist der erste helle Frühlingstag. Nema weiss nicht, wie sie auf den Berg gekommen ist. Sie weiss nur, was die Leute ihr erzählen: Alle hätten in jener Nacht besonnen reagiert. Allen verdanke sie ihre Rettung.

Das Erste, was sie bewusst wahrnimmt: Unter dem grünen Opal ihres Rings ist ihre Haut offen, ebenso an ihrem Rücken. Nach dem Aufwachen sind ihre Haare mit einer gipsähnlichen Masse verklebt gewesen. Glück gehabt, sagen die Ärzte in der Bergklinik, es stand auf Messers Schneide.

Draussen riecht es zart. Der Frühling würde auch hier kommen, obwohl die Klinik in den Bergen liegt.

Eigentlich war Nema, wenn man von der unerklärlichen, langsamen Verschlechterung ihres Zustandes absieht, nur minutenlang richtig krank gewesen, dann als ihr Herz stillstand. Und das Aufwachen dauert jetzt so unendlich lang.

Ihr Liebster, ihre Mutter, ihr Bruder und der Ambulanzfahrer, alle hatten richtig reagiert! – Nein, um Gottes Willen, es ist kein Selbstmordversuch!, hatten sie gerufen, auf den Vorschlag des Spitals, ihr als Erstes den Magen auszupumpen. Sie liegt bereits im Koma: sofort Herzmassage! So richtig hatten sie reagiert, warum?

Sie liegt und denkt nach: Ein bisschen tot und schon ist ein Teil der Software gelöscht! Auch die Wochen vor dem Herzstillstand sind ausradiert, sechs Wochen sind weg. Wie bei einer Geburt hat man mich ins Leben zurück gehievt. Zwei Stellen hat man nicht eingesalbt, unter dem Fingerring und am Rücken, sonst war sie gepflegt worden wie ein Säugling.

Was hast du gesehen in den Minuten, in denen dein Herz stillgestanden, dein Gehirn ohne Sauerstoffzufuhr war?

Kein Licht, keinen Tunnel, keinen Lebensfilm, nicht einmal meinen Körper von oben, dessen ist sie sich ganz sicher. Nur dieses Bild einer Verpuppung. Ein Panzer oder Schmetterlingskokon. Sie spürte entsetzliche Schläge auf diesen Panzer und das klein zusammengerollte Leben im Innern hat gezittert. Die Herzmassage, überlegt sie.

Dass ein Todeswinter so schnell kommen kann! Rapider Kaliumabfall im Blut, eine ungenügende Aufnahme dieser Herzensnahrung im Darm, eine Unterversorgung des Herzmuskels mit diesem Spurenelement. So banal!

Sie ist bewusstlos geworden abends zu Hause im Bett, sie war allein, doch ihr Liebster hatte festgestellt – bevor er zur Arbeit fuhr – dass ihre plötzliche Erkrankung und ihre Schwindel und Absenzen schwerer wurden. Er hatte ihre Mutter angerufen und einen Schlüssel an den Ort hinter dem Lavendel gelegt, ihre Mutter musste ebenso weg und hat deshalb ihren Bruder angerufen. Er solle versuchen, sie in ihrem Häuschen telefonisch zu erreichen. Als sie am Telefon nicht antwortete, hat ihr Bruder die Ambulanz zu ihrer verschlossenen Türe schicken lassen. Die Fahrer waren mit Blaulicht in die kleine Strasse gefahren und hatten den Schlüssel hinter den Lavendelpflanzen gefunden. Sie dachte an ihre Nachbarn. Fremde Männer hatten sie aus dem Haus getragen.

In der Ambulanz begann ihr Herz zu flimmern, dann stand es still. Koma. Eine Verknüpfung von glücklichen Umständen, dass sie jetzt aufwachen durfte und lebte. Vier Menschen hatten unglaublich schnell und gut reagiert. Es brauchte zwei lange Herzmassagen, um sie zurückzuholen, und ihre Angehörigen waren nach Mitternacht doch noch angerufen und auf die Intensivstation gerufen worden. Niemand hat je mit ihr darüber geredet. Wie lag sie dort? Schwer atmend und an Schläuchen und am Elektrokardiogramm angeschlossen? Oder still und reglos wie tot?

Das Einzige, was sie wusste: Das rotgestreifte Nachthemd, in dem sie zu Hause geschlafen hatte, war ihr vom Spital mitgegeben worden. Sie hat es bei ihrem wenigen Gepäck gefunden. Es war nicht mehr zu erkennen. Entsetzlich verkrustet, getrocknet.

Sie dachte an Hermann Burgers letzten Aufsatz vom terminalen Orgasmus und sie dachte an den Tod ihres Vaters. So makellos sauber war sein Leichnam gewesen, schmal wie ein Engel. Sie wäre völlig verschmutzt in ihrem Bett gestorben.

Und wie elend langsam jetzt das Auferstehen! Sie liegt Tag und Tag und sucht. Wo sind der Lebenswillen und die Frühlingsfreude gespeichert? Die Salbe in ihrem Haar stammt vielleicht von einem Enzephalogramm. Das Gefühl, geschlagen worden zu sein, sei unerklärlich. Menschen im Koma spüren die Elektroschocks und die Herzmassage nicht. Man habe ihr zweimal helfen müssen, sie sei ins Koma zurückgefallen. Jetzt ein bisschen kämpfen, liebe Frau, mahnt der Arzt, sie sei ja ziemlich jung.

Nema versucht, sich an den Inhalt ihrer letzten Lektüre vor dem Koma zu erinnern. Was gelöscht schien, wird bruchstückhaft wieder lesbar. Christoph Geiser war der Autor gewesen.

Auf dem Frühstückstablett am ersten Sonntag in der Klinik lagen rote Ostereier. Alles war ihr zu berührend und zu sinnlich. Gekochte Eier, und sie fühlte sich wie ein rohes Ei.

Ein Bild steigt auf: Am Samstag vor Ostern hat Nema als Kind mit Kerzen, die wie bleiche Totenfinger aussahen, im Kloster Visitation in Solothurn das *Lumen Christi* vom Feuer geholt. Sie staunt über diese klare Erinnerung an den Gang mit ihrer Grossmutter.

Die Sonne drängt ans Südfenster in der Klinik. Kinder in Kniesocken gehen vorbei. So lang schon ist sie in der Klinik auf dem Berg. Sie bangt immer noch um die gelernten Fremdsprachen, klaubt aus den Verästelungen des Gehirns ein Wort hervor: Frühling, spring, printemps, primavera ... Sie deckt das Bett auf, übergibt ihren nackten Körper den Sonnenstrahlen. Wie mager, wie weiss. Sie ist wieder ein Kind geworden, möge niemand kommen und mich so sehen. Mein Mann nicht, niemand. Möge die Wärme die Lebensbatterien aufladen.

Das Radio kündigt für heute Abend einen Wetterumbruch an.

Es wird schon dunkel. Bleischwarze Wolken stehen am Horizont. Als käme Krieg, denkt sie.

Es war doch warm gestern und heute! Eine neue kalte Luftschicht schiebt sich unter die warme von gestern, jetzt donnert und blitzt es. Ein Frühlingsgewitter. Winter und Frühling lassen sich nicht unterkriegen.

Am kleinen Radio, das Nema von zu Hause mitgenommen hat, werden Gospelsongs von schwarzen Sängerinnen gesungen. *Joshua fit the battle of Jericho.*

Heute feiert man Pfingsten mit Gospelsongs. Sie zieht die Bettdecke bis unter den Hals, noch immer steht das Fenster offen.

Sie möchte das Fenster, das dem feindlichen Luftstoss nachgegeben hat und nun bedrohlich offensteht und mit den Gardinen wedelt, schliessen.

Aber sie möchte nicht aufstehen, mit nackten Füssen über den abgekühlten Boden gehen, das feindliche Fenster packen und zudrücken. Sie lässt es offen.

Plötzlich liegt eine violett schimmernde Lichtkugel auf dem Fensterbrett. Nema setzt sich auf. Wie auf einer Schiene fährt der schimmernde Ball langsam der hölzernen Fussleiste des Betts entlang bis zu ihrem kleinen schwarzen Radio, das auf der Kommode steht. *Joshua fit the battle of Jericho and the walls came tumbling down,* singt Mahalia Jackson.

Einmal hat Nema einen Artikel über Kugelblitze gelesen. Alle, die Kugelblitze gesehen hatten, sagten dasselbe: ein Wunder.

Wieder eine Information, die auf meiner Festplatte nicht gelöscht ist.

Der Sturm vor dem Fenster lässt nach.

Jetzt zerplatzt die phosphoreszierende Kugel auf dem Radio mit einem Knistern.

Joshua fit the battle of Jericho
'cause the battle is in my hand

Singt Mahalia Jackson.

Gnadengaben

MARIA C. SCHNEEBELI

Samuel, ein junger Gymnasiast, hasste es und konnte dem Heiligen Geist nicht verzeihen, wenn er, einmal mehr, Bruder Christoph ausgesucht hatte, damit dieser von den Wundertaten Gottes berichtete. Es begann damit, dass Christoph seine Zunge zu einem Laut formte, der sich wie das Bäuerchen eines Babys anhörte, dann schwoll er an zu Ah und Oh, es folgten eigenartige Kombinationen von Silben ohne Punkt und Komma, mehr wie ein Sturzbach, doch irgendwann staute sich der Bach, es ging nicht mehr weiter so, ein Nebenfluss brach sich Bahn, Hilfeschreie, schreckliche Visionen, wer sich auskannte, hörte Versatzstücke aus der Offenbarung des Johannes, «ich sah», in hohem klagendem Ton ausgestossen, dann kriegerisches Geraune mit vielen Zischlauten und hartem Endkonsonant, «ich sah es», Gebärschreie einer werdenden Mutter mit Schmerzen, «was kommt, wird sein». Monster und/oder Kind? – bis zum Finale des Vollbringens und Auskotzens, so sei es, Amen. Niemand konnte so in Verzückung geraten wie Bruder Christoph, niemand hatte solche Angst wie er und keiner focht den Endkampf so ausgiebig und ohne Rücksicht auf Verluste aus, um am Schluss in dankbares Gestammel zu verfallen.

Man verstand Christoph doch und erstaunlicherweise recht gut, denn alle Anwesenden waren bibelfest und wussten, dass das Lob und die Taten Gottes in dieser Performance nicht ohne Klangteppich von sich windenden Kontrapunkten ausposaunt und gegurgelt werden konnten. Christophs Ekstase war immer wieder schwer beeindruckend und auch Samuel horchte auf, lebte mit in diesem physischen Geschehen, dieser Geburt, und das Kind, das kam, hatte die Augen einer Sphinx: rätselhaft für die einen, erkannt und genehmigt von den andern. Warum hasste es Samuel dennoch so, wenn Bruder Christoph lallte?

Vermutlich war es die Autorität, die Christoph genoss während seines pfingstlich-gefährlichen Orgasmus, der Raum, den er dafür erhielt. Die Zufriedenheit über seine Leistung am Schluss, der Beifall der andern.

Samuel hatte seinen Orgasmus im Bett. Auch das war, ähnlich wie bei Christoph, ein Ereignis mit Unter- und Obertönen, doch die Lustschreie mussten ausbleiben, denn Samuel lernte, sie kamen nicht vom Heiligen Geist, denn seine Mutter, die die Spuren des Ereignisses der Nacht entdeckte, berichtete, was sie gesehen und gehört hatte, den Ältesten der Gemeinde, die den Jungen nach kurzen, harten Überlegungen zu einem Psychiater ihrer Wahl schickten.

Samuel durfte zwar das Gymnasium beenden, doch bitte ohne Lustspuren, ja ohne Spuren überhaupt. Seine Stürme im Kopf aber, die blieben, mit und ohne Heiligem Geist, denn ob Er es war oder ein anderer Geist, gar und doch allzu schnell sein Widersacher, da vermischte sich bei Samuel einiges. Er trat aus der Gemeinschaft aus und nahm ein enormes Bibelwissen mit, mit dem endlich auch einmal er die nichtsahnenden und biblisch unbefleckten Leute, die er nun um sich hatte, begeistern konnte. Das wurde die schönste Zeit seines Lebens. Er konnte so wunderbar reden. Seine Sprache war Pfingsten: fremd und bedrohlich, aber voller Wendungen ins feurig Blauschwarze wie die Königin, seine Mutter, mit gellenden Obertönen, mehr Vogel als Mensch, ihre Kinder an sich zerrend vor den Fängen des Satans.

Manchmal waren seine Erzählungen rosarot und braun, ähnlich dem Möbelgeschäft seiner Eltern, alles bestens verfugt und gearbeitet, unzerstörbare

Betten, auf dass der Schlaf alle Schande dieser Welt vergessen liess. Das Erwachen kam trotzdem und nicht zu knapp, doch dafür gab's Handwerkskunst und Geschäftstüchtigkeit, die Hand in Hand gingen, versehen mit den Bibelsprüchen Tag für Tag.

Und wenn der Vater mit seinen Tischreden ans Ende der Bibel gelangte, «Komm Herr Jesus», so fiel schon am nächsten Tag wieder der erste Satz der Heiligen Schrift. Alles war eins und einig, fiel zusammen, Endkampf und Schöpfung, gen Himmel fahren und ausgiessen, senden, spenden, sammeln und empfangen.

Samuel trug seine Erfahrungen aus seiner pfingstlichen Kindheit und Jugend wie ein aufgezwungenes Geschenk mit sich herum. Denn der Pfingstgeist hatte auch seine Tücken in der strenggläubigen Gemeinschaft, war mehr Zucht als Befreiung, auch wenn diese sich mit einem riesigen Arsenal an Bibelsprüchen und Frohlocken ankündete. Gerettet. Alles in allem wütete der Geist oft bedrohlich, wenn auch imposant und mit grosser Kraft und Wucht, und Samuel, wenn er im Anzug war, strich sich, mal raufte er sich das dunkle Haar aus dem feinen, bleichen Gesicht.

Er merkte, dass dieser verklärend-verstörende Heilige Geist, der ihm mit der Muttermilch eingegeben war, seine Umwelt in Erstaunen versetzte. Er wurde zu seiner Gnadengabe. Man hörte ihm gerne zu, sehr gerne. Und Samuel erreichte mit den Neuigkeiten und dem Unerhörten, das aus ihm hervorquoll, seiner buntscharfen und eigenartigen Universalsprache den Applaus, die Bewunderung, die schon Bruder Christoph mit seinem Zungenreden erntete. Nur das Publikum war ein anderes, ein Ahnungsloseres, das zum Dank gern, ja ehrfürchtig mit ihm schlief, statt neidisch zu sein.

Für den Pfingstgeist und gegen ihn spricht allerdings, dass Samuel je länger, je mehr trank. Und wenn er ziemlich besoffen war, dann war er am besten.

Die Worte sprudelten nur so aus seinem Mund, er konnte behaupten, dass Gotthelf nicht nur «Ueli der Knecht» und «Ueli der Pächter» geschrieben hatte, sondern auch noch einen dritten Band: «Ueli der Meister». Die Fangemeinde glaubte es und glaubte an ihn. Ein Master ist gut.

Ein kleiner Einschub für die Strengen unter uns: Kommt bitte nicht mit der Moralkeule, die Jünger an Pfingsten oder Bruder Christoph hätten den gleichen Rausch-Effekt auch ohne Wein erwirkt. Denn erstens wirkten auch diese wie betrunken und zweitens hatte Samuel nach seiner abstinenten Jugend einiges nachzuholen, vor allem auch den Beischlaf und gerade den, man denke an die Teufelsaustreibung des puristischen Psychiaters, nicht ohne Hilfe von Spirituosen.

Es gab aber auch die ganz grossen Abstürze. Das war nur etwas für die Superanhängerinnen von Samuel, da kam er Bruder Christoph wirklich nahe.

Andere hörten ihm im Verlauf seines sich ergiessenden, verschleuderten Lebens nicht ohne Kritik zu, seine Wundergeschichten stanken nach gröbster Fahrlässigkeit und Samuel versank im Sumpf von Schnapsideen und Wut. Andere wandten sich ganz ab, der Beischlaf wurde seltener, auch Samuel mochte nicht mehr so recht. Er heiratete eine Abtrünnige aus der Pfingstgemeinde, mit ihr verbündete er sich gegen den Rest der Welt.

Sein Feld hat sich verlagert. Er las nun viel, vor allem im Internet, nächtelang. Sein Feind: der Westen, Amerika, kapitalistische Impfungen, das Altersheim.

Samuel studierte alternative Fakten zum sogenannten Mainstream, wie er sagte, und wurde fündig. Er dachte sich dabei seine Sache, die Worte und der Spirit nach draussen fehlten immer öfter, allenfalls ein Geraune, ein paar Flüche, der Geist noch da, doch auf Sparflamme, der grosse Erzählfluss eingedämmt, seine Entourage klein, aber verschworen, muss sich vieles zusammenreimen.

Noch ist er nicht so weit wie es einst Merlin am Bellevue tat: mit oben zu konferieren und nach unten zu mahnen. Dreissig Jahre ist es her, dass Merlin mit seinem Dreispitz und seinen langen dunklen Haaren, ein Auge Richtung Himmel, das andere starr geradeaus, von den Daten in Brüssel erzählte.

Sein prophetisches Fazit: «Die Daten stimmen nicht!» Und dass es «nichts Schlimmeres gibt als ein gackerndes Weib», auch davon habe ich von Samuel nichts gehört, nur eben das mit dem zerstörerischen Westwind.

Wo bleiben die grossen Taten Gottes, von dem der Geist erzählt? Das Pfingstwunder, wo sich plötzlich alle verstehen, die rasende Freude und Erregung? Wo bleibt der brausende, vereinigende Sex bis ins hohe Alter, das Züngeln seiner Flammen?

Samuel ist ein begnadeter Möbelschreiner geworden wie seine Ahnen. Er kommt, wenn er gerufen wird.

Der Geist weht, wo er will.

Ein Dramolett – Geistesblitz

SUSANNE-MARIE WRAGE

Charaktere in der Reihenfolge ihres Alters:
LINDA, 83, am Stock mit Silberknauf
ERNESTO, 82, rüstig ohne Stock, eine klitzekleine rote Nelke im Revers
HELENE, 57, Tochter von Linda und Ernesto, etwas abgekämpft
MELCH, 55, Gefährte von Helene, gertenschlank
SABETH, 55, etwas angestrengt und
HELMUT, 54, etwas übergewichtig, ein befreundetes Paar
FINIA, genannt Engelchen, 20, handicapée, im Rollstuhl, Tochter von Helene und Melch

WANDA, 16, verliebter Teenie, Tochter von Helene und Melch
NETTI, 14, renitenter Teenie, Tochter von Helene und Melch

ORT: Eine Tafel unter Kirschbäumen, weisses Tischtuch, reich gedeckt mit Gottes Gaben, Wein und Brot, Fisch und Fleisch, Zucker und Salz, man ist beim Dessert angelangt.
ZEIT: Frühling, blauer Himmel, sanfte Brise, warme Sonne

LINDA … na der mit dem Erdbeermund … ich bin so wild nach deinem … oder im Wiesengrund? Im grünen Tal … also der Klaus, der das Schiff über die Berge gezogen hat … Fitzcaral … aber das war doch der mit dem Elefant oder, der Hannibal, oder Caruso? Also der jedenfalls, den hab' ich getroffen, im Kempinski in Berlin, 1984, er sass in der Lobby und mir ist die Gabel im Mund stecken geblieben …

ERNESTO *zu Helene:* Gib mir drei Erdbeertörtchen, ein Löffelchen Sahne obendrauf, ein Stachelbeertörtchen, zwei Cones mit Lavendelgelee und eine heisse Schokolade mit Sahne, vielleicht ein klitzekleines Tröpfchen Rum, mein liebes Töchterlein.

HELENE Papa, bitte versuche doch ein bisschen weniger Zucker zu nehmen, dein Insulin …

ERNESTO Ja, aber warum stehen denn die ganzen Köstlichkeiten da? Die Marillenbuchteln da rührt keiner an, die hat bestimmt Sabeth gemacht. Dein Göttergatte hat übrigens schon zwei Schwarzwälderkirsch verdrückt.

HELENE Er ist nicht mein Göttergatte, wie oft soll ich dir das noch sagen! Wir leben in einer eingetragenen Partnerschaft, wir teilen Tisch und Bett und das Sorgerecht für unsere Töchter, NICHT das Konto und LEIDER auch nicht meine Yoga-Matte, wir sind NICHT verheiratet ...

MELCH *zu Helene*: Ich bin nicht dick, zum Kuckuck!

HELENE *zu Melch*: Doch.

NETTI *zu Helene*: Mama, übermorgen kommt noch Biggi und die bringt Valentin und Luc mit, wir können ja alle zusammen oben in der Mansarde übernachten, wir haben Tickets für Billie Eil ...

MELCH *zu Helene*: Kannst du nicht einmal fünfe gerade sein lassen und die Dauerüberwachung einstellen?

WANDA *zu Netti*: Die Volldeppen setzen garantiert keinen Fuss in die Mansarde, da hab' ich mich mit Sven einquartiert, und ihr seid noch viel zu bescheuert klein, um allein ans Konzert zu gehen ...

HELENE *zu Melch*: Es ist empirisch bewiesen, dass Bauchfett das Risiko eines Herzinfarkts erhöht ...

HELMUT *zu Melch*: Also ich würde mir das an deiner Stelle nicht bieten lassen, entweder sie liebt dich oder nicht, egal ob dick oder dünn. So ist das doch, wenn man sich verheiratet: Bis dass der Tod uns scheidet, wir wollen für immer zusammen sein, durch dick und dünn.

HELENE: *zu Helmut*: Wir sind nicht verheiratet.

ERNESTO *zu Helene*: Was nicht ist, kann ja noch werden.

NETTI *zu Wanda*: Das kannst du überhaupt nicht bestimmen, die Mansarde ...

MELCH *zu Wanda*: Du begleitest deine Schwester ans Konzert, das haben wir besprochen, der Deal war, dass du dafür mit Sven in die Mansarde darfst ...

WANDA Mama, das hat Papa besprochen; aber nicht mit mir, ich mach hier nicht den Babysitter für Daumenlutscher, Digga!

HELENE *zu Wanda*: Hör auf mit dem Digga!

MELCH *zu Helene*: Hast du gerade Dicker gesagt?!

LINDA Ich habe nicht Daumenlutscher gesagt, ich habe Erdbeermund gesagt, und der Klaus, der hat sich dann immer mit dem Daumen so erotisch über den Mund gestrichen und fast daran gelutscht, an der Spitze vom Daumen und hat ganz wild geguckt. Wo ist eigentlich Ernesto?

ERNESTO *zu Linda*: Hier bin ich, Lindelein.

LINDA *Linda begutachtet Ernesto misstrauisch*: Was fällt Ihnen denn ein, mein Mann ist viel jünger als Sie, Sie alter Sack. Erbschleicher.

ERNESTO *resignierend zu* Helene: Ich bin wenigstens verheiratet. Auch wenn meine Frau mich nicht mehr erkennt.

LINDA *zu Helene*: Wo ist eigentlich Ernesto?

HELENE *zu Linda*: Er sitzt neben dir, Mama. *zu Ernesto*: Die Ehe ist der Liebe ganz und gar abträglich –

MELCH *zu Helene*: Welche Liebe?

HELENE *zu Melch*: Halt die Klappe!

LINDA *zu Helene*: Unmöglich, das letzte Mal habe ich Ernesto im Kempinski in Berlin gesehen, da sassen wir in der Lobby und er kam herein, sein Blick ganz wild.

NETTI *zu Linda*: Oma, ich glaube du verwechselst …

LINDA *zu Netti*: Na du kleine Zuckerschnute, komm doch mal auf meinen Schoss und erzähl mir, wie es in der Schule so ist, möchtest du einen Lutscher? Hast du denn schon eine kleine Freundin gefunden?

NETTI Aber jetzt sind doch Ferien Oma, und ich bin doch schon in der 9. Klasse und ich habe einen Freund –

LINDA Als ich so jung war wie du, sass ich einmal mit deinem Opa im Kempinski in Berlin in der Lobby –

WANDA *zu Netti*: Du Hirni bist in der Achten, Digga, weil du nämlich durchgefallen bist. Und dein Lover ist ein Vollhonk.

Wanda und Netti streiten sich lautstark.

SABETH *tritt auf*: Wer hat denn jetzt alle Erbeertörtchen verdrückt? Das ist ja total asozial, total egoistisch, ich war gerade mal drei Minuten weg und schon ist hier alles abgegrast, das find ich das Allerletzte, ich geb' mir so eine Mühe, stehe hier von früh bis spät in der Küche und mache mich krumm und ihr fresst in einer Minute alle Erdbeertörtchen auf.

HELMUT Also Sabeth, das tut mir jetzt wirklich leid, dass wir so unachtsam waren, Melch und ich waren so in unser Gespräch vertieft, es ist wirklich unsere Schuld, wir haben einfach nicht aufgepasst –

HELENE *murmelt*: Also, wenn ich mich richtig erinnere, hab' ich die Erdbeertörtchen gemacht –

MELCH *in Richtung Helene*: Also ich hab' nicht ein einziges Erdbeertörtchen verdrückt, da hätte es gleich ein Riesengeschrei aus der Helenischen Ecke gegeben –

SABETH *zu Helmut*: Das sagst du jedes Mal, dabei ist es dir total egal, sonst würdest du nicht immer alles aufessen und würdest dich dran erinnern, BEVOR du dir die Törtchen in den Rachen schiebst. Ich habe dermassen die Nase voll von deinem heuchlerischen Achtsamkeitsgelaber, du kannst den Mund nie vollkriegen –

LINDA Edmund? War der das mit dem Erdbeermund? Nein, das war doch der Klaus, oder? War der das nicht? Da war ich mal im Kempinski in Berlin, 1984, mit Ernesto. *Zu Ernesto*: Wo ist eigentlich Ernesto?

ERNESTO *zu Linda*: Keine Ahnung, wahrscheinlich tot.
LINDA Rot? Der war nie bei den Roten, der hat immer CDU gewählt.
ERNESTO Wenn du wüsstest –
LINDA Seit wann duzen wir uns?
SABETH *zu Helmut*: Seit 25 Jahren das gleiche blöde Gelaber von früh bis spät. Aussen hui, innen pfui –
HELMUT *zu Sabeth*: Also ich find jetzt gehsch du aber ä bissle zu weit, hier so vor allen anderen –
SABETH *zu Helmut*: genau, wenn's brennt, fängst du auch noch an zu schwäbeln, du hast einfach nur Stroh im Kopf und Gewäsch im Mund.
LINDA *zu Sabeth*: Im Mund hat man höchstens Erdbeeren oder ein Gesch...
HELENE *zu Linda*: Mama, jetzt reicht es aber wirklich –
HELMUT *zu Sabeth*: Also was bisch denn du so gemein zu mir? Ich find des ä bissle ungerecht, vor allem vor den anderen –
SABETH *zu Helmut*: Du blöder Schwabe, rutsch mir doch den Buckel runter –
LINDA Also damals im Kempinski, da war auch nicht alles schlecht...also geh...schlecht...ewar
HELENE Mama!
NETTI *zu Helene*: Mama, mir ist schlecht, ich glaube, ich hab' zu viel Erdbeertörtchen gegessen -
ERNESTO *zu Linda*: Das hätte ich vor vierzig Jahren gerne mal aus deinem Mund gehört –

WANDA *in die Runde:* Alter, was geht denn hier ab, Mama, wovon reden Oma und Opa?

HELENE *zu Ernesto:* Papa, möchtest du vielleicht noch ein Stachelbeertörtchen?

ENGELCHEN *fängt in ihrem Rollstuhl an zu kichern und zu gackern. Sie lacht zuerst rhythmisch, dann kreischt sie ähnlich wie eine Möwe. Sie hat einen epileptischen Anfall. Endlich werden alle still und beissen sich auf die Lippe, schämen sich und beobachten Engelchen bang. Sie bewegt den Oberkörper vor und zurück. Sie rudert mit den langen dünnen Armen. Dabei holt sie weit aus und fegt einen Grossteil der halbvollen Weingläser, Kaffeetassen und Weinflaschen um. Geschirr zerbricht, Wein spritzt auf die Sonntagsgarderobe der Tischgesellschaft. Melch und* Helene *reden beruhigend auf Engelchen ein, Netti und* Wanda *halten ihre Hände, Linda klammert sich an Ernesto, Sabeth und Helmut sammeln mit gesenkten Häuptern die Scherben ein. Wind kommt auf, Wolken ziehen auf. Es fängt an zu blitzen und zu donnern.*

Engelchens Anfall ebbt langsam ab.

Das Gewitter verzieht sich.

Engelchen scheint von weit her zurückzukommen, schaut durch ihre dicke Brille in die Runde und verzieht den Mund zu einem Lächeln.

Netti schiebt Engelchen in den Schatten, hebt sie zusammen mit Wanda aus dem Rollstuhl und legt sie auf eine Decke unter dem Kirschbaum.

HELENE Wollen wir Kirschen pflücken? Sie sind so reif, dass sie fast vom Baum fallen.
HELMUT Ich stelle die Leitern auf.
SABETH Ich hole die Körbe.
ERNESTO Ich mache ein Mittagsschläfchen bei Engelchen unterm Baum.
LINDA Ich lege mich dazu.
NETTI und WANDA Wir räumen ab.
MELCH Ich mach den Abwasch und pflücke dann.
HELENE *setzt sich zu Engelchen und flüstert ihr ins Ohr*: Danke, mein kleiner feiner Engel.

ENDE

Mut

KURT MARTI

Dass sich die Christenheit am Karfreitag die Kreuzigung Jesu und an Ostern die Auferweckung des Gekreuzigten vergegenwärtigt – das dürfte vielen noch bekannt sein. Doch Pfingsten? Man mache die Probe aufs Exempel und frage in seinem Bekanntenkreis! Kirchgänger oder nicht: Auf die Frage, warum denn Pfingsten gefeiert werde, geraten die meisten ins Stammeln, wenn sie nicht rundheraus gestehen, sie wüssten es nicht.

Nun ist zuzugeben, dass dieses Nicht-Wissen mit verursacht ist durch die mangelnde Klarheit der kirchlichen Verkündigung und Lehre. Ferner bezieht sich Pfingsten auf kein biografisches Faktum des Lebens Jesu: Auch das trägt zur «Schwerverständlichkeit» dieses Festes bei.

Am prägnantesten scheint mir für die Geschehnisse der ersten Pfingsten die immerhin noch anschauliche Formel zu sein: *Pfingsten ist der Geburtstag der christlichen Kirche.*

Der neutestamentliche Pfingstbericht (Apostelgeschichte 2) stellt die Geburt der ersten christlichen Gemeinde in Jerusalem als Wunder dar.

Dieses Pfingstwunder bestand jedoch nicht primär in einem akustischen Phänomen: «Und plötzlich entstand vom Himmel her ein Brausen, wie wenn ein gewaltiger Wind daherfährt, und erfüllte das ganze Haus, worin sie sassen» (Apostelgeschichte 2,2). Das Wunder bestand auch nicht im optischen Phänomen, das dem akustischen folgte: «Und es erschienen ihnen Zungen, die sich zerteilten, wie von Feuer, und es setzte sich auf jeden unter ihnen» (Apostelgeschichte 2,3). Was hier berichtet wird, ist – in seiner Undurchsichtigkeit – kein in sich bedeutsames Geschehen, sondern erst Hinweis auf das eigentliche Pfingstwunder.

Zuweilen sagt man: Das Pfingstwunder bestand im Sprachwunder. Eine Volksmenge lief zusammen, «gottesfürchtige Männer aus jedem Volk unter dem Himmel» (Jerusalem war ja Wallfahrtsort!). Sie hörten die Jünger reden und wurden verwirrt: «denn jeder hörte sie in seiner eigenen Sprache reden» (Apostelgeschichte 2,6). Aber auch diese plötzliche, universale Verständlichkeit dessen, was die Jünger reden, bleibt immer noch eher begleitendes Zeichen als Wunder im Geschichte wirkenden und Kirche stiftenden Sinn.

Die Frage, ob und inwiefern die berichteten Phänomene «wahr» sind, sei es in einem historischen, sei es in einem mehr mythologischen Sinn, braucht uns hier nicht weiter zu beschäftigen, weil es sich bei diesen Phänomenen nicht um das zentrale Pfingstwunder gehandelt hat. Es waren «Zeichen», die auf das Entscheidende verwiesen.

*

Man vergegenwärtige sich die Zusammenhänge: Nach der Hinrichtung Jesu lebten dessen Jünger im «Untergrund». Die Erscheinungen des vom Tod Auferweckten hatten sie zwar wieder in Jerusalem vereinigt (nachdem sie zum Teil zurück nach Galiläa gegangen waren). Doch wenn die Jünger (und ihre Freunde) sich in Jerusalem trafen, so geschah es hinter «verschlossenen Türen». Sie hatten triftige Gründe, das Licht der Öffentlichkeit zu scheuen: Die Möglichkeit, dass der die herrschende Klasse religiös und politisch repräsentierende Hohe Rat nach dem Anführer der gotteslästerlichen und politisch verdächtigen Bewegung auch die Anhänger festnehmen und allenfalls im Schnellverfahren beseitigen könnte, lag auf der Hand. Deshalb versteckten sich die Jünger hinter verriegelten Türen und hüteten sich, irgendwelches Aufsehen zu erregen. Der auferstandene Herr erschien ihnen, indem er durch sorgfältig verschlossene Türen kam. Man übersieht den

«Untergrund»-Charakter dieser Erscheinungen leicht und legt ihnen eine triumphale Glorie bei, die sie kaum hatten.

Das war die Situation. Ein öffentliches Auftreten oder sogar Reden der Jünger kam unter diesen Umständen gar nicht in Frage, waren es doch noch keine zwei Monate her, seit Jesus hingerichtet worden war. Berechtigte Furcht zwang den kleinen Jüngerkreis zu äusserster Vorsicht, zum Schweigen, zur Anonymität.

Und nun das Pfingstwunder! Von einer Stunde zur anderen treten die Jünger aus «Untergrund» und Anonymität hervor, frei von Furcht, jede Vorsicht hinter sich lassend. Sie verkünden öffentlich und einer grossen Volksmenge «die grossen Taten Gottes» (Apostelgeschichte 2,11). Sie schrecken nicht davor zurück, sehr deutlich und konkret zu reden. Petrus sagt rundheraus: Jesus, den «ihr durch die Hand der Gesetzlosen habt annageln und töten lassen ... ihn hat Gott auferweckt, wofür wir alle Zeugen sind» (Apostelgeschichte 2,23/32).

Das also ist das Pfingstwunder: dieser plötzliche Schritt aus verborgenem «Untergrund» in die ungeschützte Öffentlichkeit, dieser Schritt aus dem Schweigen der Angst in das Reden der Verkündigung, diese Kühnheit, den vor kurzem Gehenkten urbi et orbi als Gottes Sohn auszurufen! Gewiss: die Begegnungen mit dem vom Tod Auferweckten hatten diesen Schritt schon vorbereitet. Dennoch bleibt, was so an Pfingsten geschah, ein unerklärliches Phänomen plötzlichen Mutes – eines Mutes, der durchaus nicht ebenso plötzlich dahinschwand wie er gekommen, sondern der erstaunlicherweise bei den Beteiligten eine Konstante ihres weiteren Lebens blieb.

Ein Wunder war alles deshalb, weil dieser ersten Öffentlichen Verkündigung des Christus-Glaubens kein Entschluss des Jüngerkreises vorausging. Alle Beteiligten hatten übereinstimmend das Gefühl, nicht selber den entscheidenden Schritt getan zu haben, sondern in die riskante Öffentlichkeit geradezu gestossen worden zu sein. Darauf weisen auch die begleitenden Phänomene des Pfingstgeschehens hin: Nicht die Jünger fassten Mut, vielmehr wurden sie von einer Macht erfasst, die ihre Furcht in Mut verwandelte. Das biblische Zeugnis nennt diese Macht Heiligen Geist oder (weil heilig bedeutet: zu Gott gehörig, von Gott kommend) Gottes Geist. Die christliche Lehre erläutert: Der Heilige Geist ist der aktuell wirkende, jetzt gegenwärtige Gott.

Tatsache ist: Noch am gleichen Tag wurden «etwa dreitausend Seelen hinzugetan» (Apostelgeschichte 2,41). Aus dem verängstigten Grüpplein ist mit einem Schlag die erste Gemeinde, ist Kirche geworden! Pfingsten ist der Geburtstag der christlichen Kirche.

*

Nun gilt aber: Die christliche Kirche feiert nicht Geburtstag, sie ist Geburtstag, sie existiert nur, indem sie immer neu geboren wird. Die Kirche ist das Ereignis ihrer stets neuen Geburt aus Gottes Geist und aus Gottes Wort. Was die Kirche sonst noch ist – eine Institution, eine Tradition – ist nur «Untergrund» menschlichen Verhaltens oder Missverhaltens, aus dem heraus die Geburt der Gemeinde sich als pfingstliches Wunder vollzieht. Gemeinde in diesem Sinn ist nicht ein Grüpplein Gläubiger und Gleichgesinnter, das sich selber genug ist, sondern Verkündigung von Gottes kommender Herrschaft in die Welt hinein. Der menschliche Aspekt dieser Verkündigung bleibt das Phänomen des Mutes, der Entmutigte ergreift. Mut, das zu sagen, was gefährlich oder unpopulär ist; Mut, auch zu einer scheinbar verlorenen und aussichtslosen Sache sich zu bekennen. Solcher Mut ist – nach dem Zeugnis der Bibel – das Gottesgeschenk! Man kann ihn sich nicht selber geben, man kann sich ihm aber entziehen.

Die alte Pfingstbitte «Komm Schöpfer Geist» ist die Bitte um das Wunder schöpferischen Mutes.

Die Pfingsttaube

AUTOR/AUTORIN UNBEKANNT

In einer sizilianischen Bergstadt wirkte ein Geistlicher, der es liebte, die grossen Geheimnisse Gottes seiner Gemeinde möglichst anschaulich darzustellen und für sie erlebbar zu machen.

Was gibt es Unanschaulicheres als den Geist? Geist ist per se unsichtbar, abstrakt, nicht vorstellbar – «geistig» eben. Nicht aber so für den erfinderischen Pfarrer.

Am Pfingstsonntag liess er durch den Mesmer, gleich nach der Verlesung des Pfingstevangeliums, eine Taube – weiss musste sie sein – in den hohen Kirchenraum werfen. Nicht den Heiligen Geist selbst natürlich, aber seine irdische Symbolgestalt, wie es das Evangelium im Bericht über die Taufe Jesu im Jordan schon festhält: «... dass der Himmel sich auftat und der Heilige Geist in Gestalt einer Taube auf ihn herabschwebte.»

Alle im Gottesdienst wussten: Wem sich die Taube auf die Schulter oder den Kopf setzt, dem ist eine besondere Erleuchtung oder sonst eine Begabung durch den Heiligen Geist gewiss.

Beweise dafür aus der Vergangenheit gab es genug: Vor einigen Jahren war die Taube einem Firmling, sonst nicht der hellste Kopf, fand man, auf die Schulter geflogen, und er hatte danach die Aufnahmeprüfung zum Studium an der Fachhochschule geschafft. Oder einmal hatte sie sich einem Bauunternehmer auf den Kopf gesetzt, der für seine Abzockerei stadtbekannt war. Was für ein Sinneswandel: Er finanzierte aus der eigenen Tasche den Bau einer neuen Wasserleitung für ein armes Quartier der Stadt, die «Wasserleitung des Heiligen Geists», wie die dankbaren Bewohner sie nannten. In einem anderen Jahr, als sich die Taube auf den bunt-prächtigen Festtagshut einer für ihre Eitelkeit bekannten Dame in der zweitvordersten Bankreihe niederliess, hatte dies zur Folge, dass die Dame sich fortan von der freundlichen Seite zeigte und sogar für Kinder und Jugendliche bei der Begrüssung vor dem Gottesdienst aufmunternde Worte fand.

Vor jedem Pfingstfest war die Spannung in der Gemeinde gross, wen die Taube diesmal wählen würde.

Dann löste ein neuer, aufgeklärter Pfarrer aus dem industrialisierten und säkularisierten Norden des Lands den alten Kollegen ab. Der junge Geistliche hielt wenig bis nichts von diesem «Hokuspokus» mit der Pfingsttaube, wie er es nannte und bezeichnete die Taube einfach als gewöhnlichen Vogel, wie andere Vögel auch. Wenn er auch gegen den Unfug wetterte, so wollte er den Flug der weissen Taube an Pfingsten nicht kurzerhand verbieten und damit die Gemeinde vor den Kopf stossen. Aber er ordnete an, dass alle Türen und Fenster der Kirche weit offenbleiben müssten, in der Hoffnung, der Vogel würde die Gelegenheit benutzen und das Weite suchen. Doch weit gefehlt. Ohne sich um die Erwartung des Geistlichen zu kümmern, flatterte die Taube im Kirchenschiff dreimal hin und her und setzte sich dann – dem verdutzten Pfarrer auf die rechte Schulter. Ihm war das mehr als peinlich. Wenn nicht alles täuscht, lief das sonst bleiche Gesicht des Geistlichen rot an. Aber das ganze Kirchenvolk war begeistert. Es applaudierte lange voller Freude.

Und die Erleuchtung? Geduld! Bei Leuten, die sich für aufgeklärt halten, kann es dauern. Der Heilige Geist wird schon dafür sorgen, dass aus dem skeptischen Geistlichen ein Seelsorger wird, der seiner Gemeinde die Geheimnisse Gottes näherbringt, wie sie es sich von seinem Vorgänger gewohnt war, vielleicht auf ganz neue und andere Art, wie es der Geist üblicherweise zu tun pflegt.

Neunundvierzig. Zwischen den Zeiten

MARTINA STEINKÜHLER

Lieber heiliger Geist.

Ich fürchte fast,
es gibt dich nicht.
Tut mir leid.
Ich wünschte dir und mir,
dass es anders wär.
Wirklich.
Und doch, immerhin:
Heute schreib ich dir.

Zehn Tage, dann hab ich Geburtstag.
Pfingstmontag wird's sein.

Geburt Ende Mai.
Das ist schön.
Himmelfahrt. Oder Pfingsten.
Am meisten *dazwischen*.

Dazwischen ist ein guter Ort.
Das hab ich spät erkannt.
Dazwischen ist
Besinnen, Atmen, Schwebe,
bereschit.[1]

Weisst du noch?

Gottes Geist wehte über den Wassern,
damals am Anfang, ganz am Anfang,
und Gottes Odem gab Adam Leben.

Aber du warst es nicht.
Weil ich nicht an dich glaube.

Weisst du noch?

Wie Er getauft wurde mit Wasser
und der Himmel sich auftat
und der Geist Gottes auf ihm ruhte
wie eine Taube. Und wie die Stimme sprach:
«Dies ist mein Kind, und wir sind drei:
Vater, Sohn und Geist.»

Du aber warst es nicht.
Weil ich nicht an dich glaube.

Weisst du noch?

Wie das Fest der Früchte zur Reife kam,
damals, als Er fort war,
fort und wieder da und fort
und kehrt nun nie mehr wieder ...

Wie da die Jünger
Mut schöpften, *en arché*[2].
Wie Feuer und Wind war es
in ihren Köpfen. Oder Herzen.
Und sie gingen hinaus in alle Welt
und machten zu Jüngern die Völker.

Aber du warst es nicht.
Weil ich nicht an dich glaube.

Was weisst du von mir –
Glaube, Hoffnung, Liebe?
Wie ich glaubte, du seist da!

Weisst du, wie ich betete?

Abend für Abend,
anders kam kein Schlaf.
Abend für Abend allein.

Nicht Mutter noch Vater
falteten mir die Hände.

Aber du, glaubte ich.
Von dir die Regel, das Ritual.

Weisst du, wie ich hoffte?

Sonntag für Sonntag im Gottesdienst.
Ich höre, mein Gott, ich höre.
Ich halte zu dir, ich spreche für dich.
Ich bin die Lehrerin deines Wortes.

Du aber, glaubte ich.
Du wirst es vollenden.

Weisst du, wie ich liebte?

Den Pastor in seiner ernsten Frömmigkeit.
Die Bibel mit ihren Geschichten.
Wie David den Saul verschonte.
Wie Jesus die Sünderin schützte.
Und der Vater den Sohn
mit offenen Armen empfing.

Dich, glaubte ich.
Dich sehe ich wirken.

Hast du mich tanzen gesehen
Mitten dazwischen?

Er schon fort, hoch im Himmel.
Segen, Sandalen und alles.
Kein *en arché*, kein *bereschit*.

Du aber – du warst doch bei mir.
Ich spürte es, konnte es fühlen.

Ich tanzte Walzer,
wenn der Frühling kam.
Ich tanzte den Blues,
wenn Liebe ihr Wort brach,
Wort, das sie nie gegeben.

Hast du mich lesen gehört,
aus meiner Bibel, selbstgeschrieben,
Seite für Seite auf Gottes Seite?
Gott rein zu sprechen von falschem Verdacht.
Als wenn Gott ein Rächer wäre,
Versucher, Tyrann.

Du aber – du warst doch bei mir.
Ich hoffte es, und vertraute.

Ich las *meinen* Gott.
Die anderen nannten ihn falsch.

Bezeugst du mein Ringen,
als ich mich stellte:
der Klugheit der anderen,
den Möglichkeiten,

Offenheit nach allen Seiten.
Wie gefahrvoll kann Zugluft sein.

Ich aber glaubte: Du bist da.
Und nahm es dankbar hin.

Riss mir die Binde von den Augen, sah.
Sprach es aus, was ich sah.
Mein Spiegel sprach: Sie ist nackt.

Ja, nackt bin ich nun,
und glaube mich prächtig gekleidet.
Wie Salomo oder Eva im Pelz.

Erzählt ist, sage ich laut,
das, was geglaubt wird, und das,
was zu glauben mir nahelag.
Glaube noch, glaube nicht.

Erzählt ist, was Sinn macht.
Erzählt ist – erlöst nicht vom Fragen.

Erzählt ist, o nicht-mehr-mein
heiliger Geist
(Lernte erst neulich
dich kleinzuschreiben!) –
Erzählt, heiliger Geist,
bist auch du:

Geistkraft und Atem,
Taube, Wind und Feuer –
Geschichten und Bilder, Symbole.
Alles erzählt.

Erzähltes muss niemand glauben.
Auch dich nicht.
Nicht, als ob du *wirklich* wärst.

Erzähltes
muss ich nicht glauben.
Aber ich darf.

Wenn ich es kann. Wenn ich will.

Immer an Weihnachten
wart ich auf dich.

Dass mir die Stimme bricht beim
Tochter Zion, freue dich.
Dass mir der Atem stockt,
mitten in *Es begab sich aber ...*

Letztes Jahr zum ersten Mal nicht.
So viel Leid in der Welt, keine Hoffnung.
Zum ersten Mal *nicht an Weihnachten.*

Aber gestern, an Himmelfahrt.
Und, weiss Gott, vielleicht Pfingsten?

Es wäre Wunder.
Heiliger Geist.

Sachtes Sausen.

Glaub dich nicht mehr.
Warte.

Zwischen den Zeiten.

---
1 Hebräisch für: Im Anfang
2 Griechisch für: Im Anfang

Zu Pfingsten sollen eure Köpfe schiffbar sein

KLAUS MERZ

Als nun die Zeit erfüllt und der Tag des Pfingstfestes gekommen war, waren sie alle beisammen an einem Ort. Da entstand auf einmal vom Himmel her ein Brausen, wie wenn ein heftiger Sturm daherfährt, und erfüllte das ganze Haus, in dem sie sassen; und es erschienen ihnen Zungen wie von Feuer, die sich zerteilten, und auf jeden von ihnen liess eine sich nieder. Und sie wurden alle erfüllt von heiligem Geist und begannen, in fremden Sprachen zu reden, wie der Geist es ihnen eingab. (Apostelgeschichte 2,1–4)

Jahrhunderte nach Entstehen dieses Textes stiess ich als junger Mensch Anfang der Sechzigerjahre zum ersten Mal auf Gedichte von sogenannt modernen Autorinnen und Autoren – Rainer Maria Rilke, Paul Celan, Ingeborg Bachmann, Erika Burkart, Günter Eich – und wurde durch ihre Arbeiten sozusagen missioniert für ihre Art von, ja, Zungenreden. Ein Gedicht von Gottfried Benn schlug mich besonders in Bann, es trägt den knappen Titel *Kommt*, eine eigentliche «Anrufung»:

Kommt, reden wir zusammen
wer redet, ist nicht tot,
es züngeln doch die Flammen
schon sehr um unsere Not.

Kommt, sagen wir: die Blauen,
kommt, sagen wir: das Rot,
wir hören, lauschen, schauen
wer redet, ist nicht tot.

Allein in deiner Wüste,
in deinem Gobigraun –
du einsamst, keine Büste,
kein Zwiespruch, keine Fraun,

und schon so nah den Klippen,
du kennst dein schwaches Boot –
kommt, öffnet doch die Lippen,
wer redet, ist nicht tot.

Benn wurde am 2. Mai 1886 als zweites Kind eines protestantischen Pfarrers und einer Westschweizerin in Mansfeld, Sachsen-Anhalt, geboren. Nach dem Abitur studierte er auf Wunsch des Vaters zunächst Theologie und Philologie. 1905 wechselte er zum Studium der Medizin und verliess die Spur des Religiösen. – Ob ihn dann, ausgangs der verstörenden ersten Hälfte des zwanzigsten Jahrhunderts (und ein knappes Jahr vor seinem Tod) beim Schreiben dieses Gedichtes, nein, dieses ganz und gar menschlichen Vermächtnisses, der Gedanke ans christliche Pfingstfest seiner Kindheit vielleicht noch einmal «angeweht» hat, wer weiss?

Ja, es ist eine eigenartige Sache, mit diesem Angeweht-Werden durch geistige Kräfte. Zum Beispiel auch beim Eintreten in die Stadtkirche, die seit einem halben Jahrtausend über dem Aarauer Schachen vor Anker liegt oder beim Betreten der dunklen romanischen Kirche von San Nicola oberhalb Giornico, im hellen Kirchlein von Sogn Benedetg, das Peter Zumthor, ein Zeitgenosse von uns, in der Surselva erbaut hat, sowie auch beim Eintritt in den Markusdom von Venedig: *Es ist, als setze sich der Wellenschlag der Lagune im Innern der Kirche von San Marco als stete Bewegung unter unseren Füssen fort, während auf den Deckengemälden über den Köpfen der Besucherscharen die neun himmlischen Chöre singen und mit Feuerzungen geredet wird,* notierte ich vor ein paar Jahren, ebenfalls um Pfingsten herum, in mein venezianisches Tagebuch.

Und dazu noch den Satz: *Neuste Nachrichten des Tages lesen wir vom selbst gefalteten Zeitungshut des hiesigen Gipsermeisters ab.* Vom Hut jenes Mannes also, dem ich noch eine Weile lang dabei zusah, wie er auf seinem wankenden Gerüst die Risse zwischen den himmlischen Chören sorgfältig ausbesserte.

Und wieder wird Pfingsten, südlich und nördlich des Gotthards, und noch immer benötigen wir auf allen Baustellen der Welt dringend kundige Handwerksleute, um unser rissiges Weltgebäude vor dem steten Zerfall zu bewahren. – Darüber hinaus aber gebricht es uns zudem an willigen Menschen, die sich auch jenseits von Spachtel, Hammer, Amboss und *basic english* miteinander zu verständigen trachten. Die *alle* Sprachen der Welt sprechen und sie auch verstehen wollen. Auch die Sprache der Herzen. Pfingsten «erinnert» uns an den Tag, an dem der *Geist* und nicht der Zweck endlich die Mittel heiligt unter uns Menschen.

Bis dahin bleiben Kirchen zumindest Bastionen der Stille im Gewäsch und Geplapper unseres emsigen Alltags. Orte, wo das Pfingstwunder im Grunde Tag für Tag stattfindet oder stattfinden könnte. Denn wer in eine Kirche tritt, wo immer in der Welt, kann das Gespräch mit dem Göttlichen doch jederzeit und in seiner ureigenen Sprache aufnehmen. Kirchen, diese gut sichtbaren Stationen, bieten sich in der Unübersichtlichkeit unserer Lebtage und Nächte geradezu an als Übersetzungsnischen des eigenen inwendigen Zuhörens und Redens. Auch wenn wir längst abgelassen haben von einem personalen Gott oder der Zugehörigkeit zu einer bestimmten Konfession und Religion – nicht aber von der Suche und vom Kontakt mit dem Göttlichen in uns selbst, auf dem ja unser Menschsein im Grunde beruht: Es gleicht einem geistigen Fundament und Firmament zugleich, das unser Dasein, wenn alles doch noch gut gehen soll, immer wieder gründlich untermauert und himmelweit überstrahlt.

Zu Pfingsten sollen eure Köpfe schiffbar sein, verspricht uns der Herr, habe ich vor Jahren in einem Gedicht geschrieben, da mich das Pfingstgeschehen immer wieder umtreibt. Und weil mir ja, beim vorsichtigen Versuch, mit meiner Leserin, meinem Leser in Verbindung zu treten, nichts anderes zur Verfügung steht als Wörter und Worte, will sagen, unsere gemeinsame Sprache, in der sich all unsere menschlichen Erfahrungen, Erinnerungen, Hoffnungen, Abgründe und Pläne im Lauf der Zeiten abgelagert haben – um stets wieder neu erwogen und umgesetzt zu werden.

Auch die Erzählungen in der Bibel gründen auf dem Wort, das, wir wissen es, von Anfang an da war, doch stets wieder erweckt und ausgesprochen werden will – durch unsere leiblichen Zungen. Auf einen Widerhall hoffend in unseren Herzen und Köpfen, wie gesagt, den schiffbaren.

Mein Gedicht trägt den Titel *Himmelfahrt*, es ist um die Jahrtausendwende entstanden, am Auffahrtstag, also vierzig Tage nach Ostern und zehn

Tage vor Pfingsten, und es ist geprägt vom Blick auf die grosse Auffahrtsprozession durchs Beromünsterer Umland. Diese Prozession zählt für mich seit meiner Kindheit, der protestantischen, zu den schwindelerregendsten religiösen Erlebnissen. Darum möchte ich mit diesem Text, oder sollte ich vielleicht sagen, mit diesem ganz persönlichen «Zungenschlag», gern schliessen:

Himmelfahrt
Wir steigen auf der alten
Prozessionsroute hügelan,
die Kühe grasen, hornlos
und still. Da hebt die Braune
den Kopf, die Glocken läuten:
Wandlung! Ein Türkenpaar
tritt aus dem Tann. «Hoi!»
grüsst der Mann, seine Frau
senkt den Blick. Um diese Zeit
ziehen sie in Beromünster
den hölzernen Heiland
in den Dachboden hinauf.
Es raucht hinterm Wald,
in Baseballmütze und Schürze
hütet der Sonntagskoch seine
Würste, niest: «Helf dir Gott!»
ruft sein Gast, ein Motorrad
zersägt den Vogelgesang.
Stau am Gotthard, meldet
das Radio. Auf der Wyna

zieht eine Flaschenpost
bachab Richtung Rhein:
Zu Pfingsten sollen eure
Köpfe schiffbar sein!
verspricht uns der Herr.

Dass dein Fuss nicht an einen Stein stosse

LYDIA TRÜB

I.

Nie hätte ich mir bei unserer ersten Begegnung gedacht, dass wir fast dreissig Jahre zusammenhalten. Ein schizophrener junger Mann sucht eine Gelegenheitsarbeit und steht in meiner Bürotür. Es ist, als ob er sein Wohlgefallen mit den Nasenflügeln erschnuppern möchte. Er richtet sein Mondgesicht leicht nach oben und erspürt die Umgebung. Hohe Wangenknochen, tiefliegende Augen so blau wie ein Bergsee, ein fein gezogener Mund. Sein Pullover ist aus der Mode und auch leicht aus der Form. Es gefällt ihm in meinem Büro. «Ich möchte für dich arbeiten», sagt er höflich und freundlich. In meinem Kopf ziehen sich die unsicher schweifenden Gedanken auf die Frage zusammen: «Was möchtest du gern arbeiten?» Er schaut hoffnungsvoll auf einen Stapel Papier und zieht die Luft ein: «Ich kann deine Texte lesen.» Nach einer sehr stillen Pause zwischen ihm und mir fährt er in bühnenreifem Hochdeutsch fort: «Ich kann sie korrigieren.» Aber kann er das? Nach einer halben Stunde sind die Entwürfe in perfekte Form gebracht. Er habe das KV gemacht und in der Annoncenwirtschaft gearbeitet. Er habe zu spinnen angefangen und sei krank geworden. «Kann ich wiederkommen?», fragt er. Er hebt seinen Fuss leicht schwingend hoch und plumpst ihn beim Auftreten auf den Boden und schreitet in einem wiegenden, tastenden Gang. Beim Kommen. Beim Gehen. So hat alles angefangen. Er korrigiert, fotokopiert macht Botengänge, eckt an.

Er warnt mich vor einzelnen Menschen. Sie reden schlecht. «Sprechen sie mit dir?» Sie sprechen mit ihren Blicken, Gesten, mit Gebärden und Körperhaltung, mit den Augen, finde ich heraus. Er hört das Unausgesprochene, das Abschätzige, Entwertende. Dieses «Was stehst du mir im Weg!» «Das ist Hitler», sagt er. Von ihm drohe der Weltuntergang. Hitler ist Chiffre, Symbol, und Paradigma für Verachtung der anderen, der Kranken. Er lächelt: «Es gibt auch Engel.» Das höchste Irdische ist die Präsidentin der UNO. Er kennt sie. Sein Gesicht leuchtet auf: Die Welt würde ihm zu einer besseren Heimat werden.

Ist es nicht so, dass so viel von einzelnen Menschen abhängen kann?

II.

«Sprich mit mir», sage ich, als er verzweifelt zur Bürotür hereinkommt.

Mein Haarschnitt. Wie findest du ihn? Ich war beim Coiffeur. Meine schönen Haare. Eine Katastrophe. Man sieht jetzt, dass ich dick bin. Ich muss abnehmen. Meinst du, ich kann eine Familie haben? Ich möchte ein Kind. Alles würden wir gemeinsam tun. In meiner Wohnung wird zu viel geredet. Alles ist so ringhörig. Die Stimmen gehen durch die Wände. Kann man denn bei dir nicht telefonieren?

Ich bekomme einen langen Bürotisch. Er sitzt jetzt neben mir. Das Experiment ist nicht bruchsicher und kann entgleiten. Ich sage ihm: «Du hast ein gutes Gespür für Wahrheit und Gerechtigkeit und damit für Unwahrheit und schlechtes Denken und Handeln.» «Schreibst du mir das in mein Arbeitszeugnis?», fragt er mit Selbstironie, Charme und viel Hoffnung auf eine aktenkundige Wertschätzung.

Ich schreibe ihm sein Arbeitszeugnis und mache einen Fehler. Er gibt es mir zurück, und ich korrigiere es. Er wird noch Jahre später von diesem Arbeitszeugnis sprechen. Seine Besuche werden rarer. Er könne nicht mehr kommen, sagt er eines Tages. In diesem Haus sei ein schlechter Geist. «Wo ist denn dieser Geist?» «Am Empfang.» Ich erkenne, dass die neue Dame am Empfang ihn nur duldet und auch mit mir nicht gut ist, da ich ihr diesen Menschen zumute. Sie ist die Tür, die das Haus aufmacht. Der Schwefelring am Eingang ist unsichtbar, aber unüberwindlich. Er kommt nicht mehr.

Es gibt dort zu viele Stimmen. Es ist nicht zum Aushalten. Kommst du mit mir nach Bern? In Bern habe ich eine neue Stelle. Dort haben sie mir eine Laufbahn in Aussicht gestellt. Dort müsste ich nicht mehr fotokopieren. Nie mehr kopieren. So froh war ich noch nie. Kommst du mit nach Bern? Ich habe eine interessante Arbeit in Aussicht. Ich kümmere mich um Tatsachen. Ein Engel hat mich angestellt. Ich bin im Himmel. Tatsachen sind Wahrheiten. In Bern kann ich ungestört telefonieren. Ich hänge am Draht. Es geht mir immer besser.

Ich begegne ihm eines Tages wieder. Er ist in einer Bibelgruppe und wünscht, hin und wieder mit mir osson zu gehen oder eine Cola zu trinken. Er wählt das nah gelegene Cooperativo, wo in den grossen Gemälden von Mario Comensoli die Liebe zu den Aussenseitern der Gesellschaft bildlich verkörpert von den Wänden strahlt. Er hat Geburtstag, und als ich ihn frage, was ich ihm schenken dürfe, sagt er: einen neuen Winterpullover. Er trägt seit einem Jahrzehnt die gleichen Kleider.

Noch kann er reisen. Einmal fährt er nach Kroatien, dann nach Hamburg zu Verwandten. Er kommt beglückt zurück und in seinen Berichten gleitet er scheinbar schwerelos über die Daunenkissen der guten Tage und Nächte. Dann kann er nicht mehr reisen.

Er verliert seine Orte in der Stadt, die Menschen, die er besucht, seinen Psychiater, seinen Pfarrer, die Strassen und Plätze, die er kennt, seine Wege, seine Zufluchtsorte, sein ganzes vernetztes Dasein ... Und jetzt: Wohin mit dieser Einsamkeit? Wer kennt mich, wer nimmt mich an, wer weiss noch von mir, und wenn ich geschieden bin von der Welt und von allen, wer weiss noch, dass es mich gibt oder gegeben hat? Von wem bin ich geliebt?

Ich kann das nicht abstellen. Nachts habe ich Albträume und tagsüber, hörst du das nicht? Ich weiss nicht, woher dieser Lärm kommt. Hörst du das nicht? Da ist ein Rauschen. Auf einmal ist es still. Still wie die Nacht. Alles schläft. Sei still, lass es, das Kind schläft. Lass es schlafen. Bist du noch da? Mir geht es gut. Ich habe keine Sorgen. Meine Post haben sie nach Bern umgeleitet.

Er bekommt ein Handy. Er ruft mich zu Hause an. «Wo bist du denn?», frage ich ihn.

«Ich leite Radio SRF, die Musik», sagte er, «in Bern.» Wir malen uns das aus in Farben und Tönen. Immer hört er klassische Musik, den Klassiksender im Radio. Später finde ich heraus, dass er eine ganze Plattensammlung hat. Er ist voller Musik. «Kommst du mit nach Bern?»

Er kommt in ein Pflegeheim im Zürcher Oberland. Ich erschauere. «Du warst doch bisher in einem betreuten Wohnen?»

Das wollte ich dir noch sagen. Schreib mir keine Briefe mehr. Meine Post ist bereits umgeleitet. Meine Post geht schon nach Bern. Möchtest du meinen Telefonbeantworter haben? Aber das habe ich dich schon einmal gefragt. Alle meinen, ich sei schon in Bern. Bald kommt ein Gewitter. Ich habe ein Gewitter im Kopf. Mein schönes Haar. Ich weiss nicht mehr, wo mir der Kopf steht. Hast du einen Regenschirm?

III.

Als Christian ins Pflegeheim im Zürcher Oberland übersiedelt, leiten wir zusammen das Schweizer Fernsehen. Es gibt so viele Probleme zu lösen. Sie werden immer mehr und auch immer weniger und immer kommen neue hinzu. Es ist ziemlich kompliziert. Wir besprechen alles am Telefon: Ob wir uns Essen kommen lassen oder gar keine Zeit mehr haben, um zu essen, ob ich zwanzig oder fünfzig Prozent arbeite. «Mehr als fünfzig kommt für mich nicht infrage», sage ich. Dann wirft er mir vor, dass ich zu viele Dinge verlege und mein Leben mit zu viel Suchen verschwende. Es gibt jeden Tag neues Wirkliches und Unwirkliches zu bereden. Und jedes Mal sagt er zum Abschied: «Bhüet di Gott.» Er hat dieses Gott zum Gruss wohl schon immer gesagt. Ich höre seine Abschiedsworte auf einmal so, wie er sie meint: als Segen und Glockenklang aus einer überirdisch anderen Welt.

Immer wieder diese Furcht: *So hilf mir doch. Ich muss nicht ins Spital. Sag mir, muss ich ins Spital? Ich habe eine Verabredung. Ich gehe nach Bern. Auf dem Sekretariat warten sie schon auf mich. Ich muss jetzt gehen. Am besten gehe ich rasch und schmerzlos. Dieser Sturm. Es hat schon angefangen. Jetzt hat es angefangen zu regnen.*

Mich rührt sein «Bhüet di Gott», seine kindliche Freude bei meinen Besuchen an seinem Geburtstag und den christlichen Feiertagen, dieses Leuchten in seinem verschatteten Gesicht und dieser Jubel in seinen Augen. Mich rührt sein Glaube an Jesus Christus, seine Sehnsucht nach Heilung, seine Hingabe an diesen anderen Ort, seine Hoffnung auf Erlösung und allumfassende Liebe, die ihn einschliesst und hält. «Jesus ist mein Freund», sagt er, vielmehr: Er stellt es fest.

Seine gut gelaunte Seite hat Humor. Er weiss, wie es um ihn steht. Eines Morgens sagt er: «Ich möchte deinen Optimismus haben, und sei es nur für eine Minute.» Ein anderes Mal, als ich über eine schlaflose Nacht klage und Mitleid erwarte, sagt er sachlich und abschliessend: «Du sollst das nicht überbewerten.»

«Wann kommt das Jüngste Gericht?», fragt er. Das Jüngste Gericht ist das Ende aller Zeiten und ihr Anfang, ewige Verdammnis oder ewige Erlösung im Paradies, eine gewaltige Erschütterung und ein Beben, das die unterste Welt nach oben und die oberste nach unten kehrt. «Nach dem Jüngsten Gericht bin ich geheilt und komme ins Paradies», erklärt er mir, und weil es so unglaublich ist, erklärt er es mir immer wieder von Neuem. Er lädt mich ein ins Paradies. Ich habe den Eindruck, dass das Paradies für ihn nur ein Zimmer weiter gleich nebenan liegt.

IV.

Ich besuche ihn am Pfingstsonntag. Er hat diese aufblitzende Fröhlichkeit im Gesicht. Ich ahne mit keiner Regung und keinem Gedanken, dass das mein letzter Besuch bei ihm sein könnte.

Ich bin Christian zum letzten Mal am Pfingstsonntag begegnet. Er ist unerwartet gestorben: Ich verabschiede mich von Christian. Ich suche nach Worten, die ihm gefallen würden und finde sie in Dietrich Bonhoeffers Brevier. Sie übersetzen Christans Sehnsucht nach Erlösung in Sprache, geben seinem Hoffen Gestalt, seinem Glauben Flügel, und sie erinnern mich an unsere letzte Begegnung:

«Pfingsten wird es bei denen, die Jesus Christus lieben und sein Wort halten. Wie einst die Jünger einmütig beieinander waren, bevor das Brausen vom Himmel geschah, so wird es heute Pfingsten überall, wo Liebe zu Jesus Christus ist. Wo man ihn aber liebt, dort wird auch sein ganzes Wort, Verheissung und Gebot, bewahrt und festgehalten.»

An seiner Beerdigung erklingt sein Lieblingspsalm und weil er klassische Musik so gern hörte, in der Komposition von Felix Mendelsohn Bartholdy:

Denn er hat seinen Engeln befohlen, dass sie dich behüten auf allen deinen Wegen.
Dass sie dich auf Händen tragen, und du deinen Fuss nicht an einen Stein stossest.

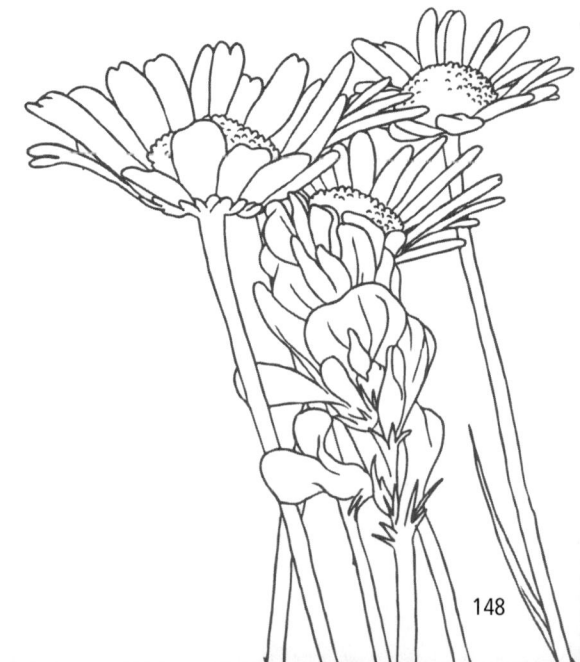

Der Tagtraum vom Rosenstock, der keine Dornen trägt

CHRISTIAN KAISER

«Aus der Traum der Rosen ohne Dornen», schrieb sie ihm. Und schickte ein Bild mit – von fünf dunkelroten Pfingstrosen, die sich weitgehend entblütenblättert hatten. Vier Haufen lagen auf dem weissen Tischtuch, der eine war ein doppelter Berg aus Burgunderrot.

«Auch bei mir», schrieb er zurück. Sein Foto zeigte die Seitenansicht eines reichlich verblühten Frühsommerstrausses mit weissen Akeleien, Schwertlilien und Iris und Indigo-Lupinen, das Herz bildeten auch bei ihm drei Pfingstrosen, die den Kopf hängen liessen. Seine waren etwas heller als ihre, mehr arterielles als venöses Blutrot.

«Komisch, die purpurnen haben nur vier Tage gehalten, und die rosaroten sind heute ne Woche alt», lautete die nächste Message mit dem Bild eines zweiten Strausses.

«Farbe braucht wohl Kraft!?», schrieb er zurück.

Sie: «Ja! Oder überzüchtet?»

Dornenlose Rose? Dieser Poesialbumsspruch kam ihm in den Sinn. Er googelte und fand die geflügelte Wendung in verschiedenen Versionen. Unter anderem als arabisches Sprichwort: «Glück besteht in der Kunst, sich nicht zu ärgern, dass der Rosenstrauch Dornen trägt, sondern sich zu freuen, dass der Dornenstrauch Rosen trägt.» Eine Glücksformel also, alles eine Frage der Betrachtung.

Und was war mit den knallroten Hagebutten oder den schwarzen Brombeeren im Herbst? Sollte man sich auch auf die freuen dürfen, schon im Frühling? Das eigentliche Glücksrezept ist wohl die Freude im Hier und Jetzt auszukosten – darüber, dass die Blüten jetzt sind, dass die Dornen dazugehören. Das galt natürlich auch für andere Rosengewächse wie etwa die kratzbürstige Brombeere, deren Ausmerzung im Garten ganz schön verletzend und blutig sein konnte. Wobei die Pfingstrose botanisch ja gar keine Rose war und nur im Deutschen sprachlich verwandt.

Auf jeden Fall sollte man immer auch die Nase in die Blüten tauchen, den Duft in die Lungenflügel ziehen, die Augen einen Moment lang schliessen und innehalten. So konnte man spüren, dass nicht nur die Rose *ist*, sondern auch man selbst – und dass man auf geheimnisvolle Weise mit ihr verbunden ist. Ganz unmittelbar tauchten in seiner Erinnerung nun Gesichter von Damen auf, die nach Weleda-Wildrosenöl geduftet hatten, als er sie beschnuppert hatte. Er lächelte einen kurzen Augenblick lang, bis ihn der Schmerz über die Vergänglichkeit dieser zeitweisen Verbindungen leicht in die Brust stach.

Er tippte in sein Handy: «Was ist mit dem Duft? Rosen verpuffen duftend sicher viel Kraft. Es scheint, als könne man nicht beides haben: Wohlgerüche und Haltbarkeit. Was ist wichtiger? Ein kurzer Moment der tiefen Berührung im Innersten, eingesogen durch die Lungenflügel, sodass es einem die Nacken- und Kopfhaare sträubt? Oder ein paar Tage länger den anmutigen Anblick in der Vase oder auch am Strauch geniessen können? Also: Rausch oder Pracht? Wie würdest du entscheiden?»

«Ha, du alter, hoffnungsloser Romantiker! Das erinnert mich an ein Bild von Spitzweg! Ich liebe ja diesen spitzfindigen und spitzpinseligen Erfinder von Bilderwitzen. Mein Vater hatte in seinem Arbeitszimmer ein Faksimile aufgehängt; die Bibel in der Linken schnuppert ein junger Geistlicher an der herausragendsten Blüte einer Heckenrose. Nase und Blütenblätter scheinen sich zu berühren, die Lider sind praktisch geschlossen, man ist gewissermassen live dabei, wie er den Duft einzieht und den Atem anhält, um diesen Moment zu verkosten. Richtig idyllisch. Bei genauerem Hinsehen sieht man hinten im Gebüsch allerdings ein küssendes Paar, einen jungen Mann in Uniform und die nackte Schulter-Nacken-Partie einer jungen Dame, die in ihrer Linken eine ebensolche Rosenblüte ins Licht hält. Das Bild heisst: ‹Das Zölibat (Rosenduft-Erinnerung)›. Dem armen Pfaffen bleibt nur die Erinnerung daran. Nur schnuppern, nicht anfassen.»

Er überlegte nicht lange, Zitate aus dem Kleinen Prinzen kamen ihm in den Sinn und er tippte drauflos: «Das ist mir zu derbe, zu handfest. Ich stehe auf feinere Nuancen. Da halte ich mich lieber an Saint-Exupéry: ‹Man sieht nur mit dem Herzen gut. Das Wesentliche ist für die Augen unsichtbar. Die Zeit für deine Rose macht deine Rose so wichtig. Du bist verantwortlich.› Und dann läuft bei mir gerade ein ganzer innerer Film ab, Angelesenes wirbelt durcheinander: Ich denke an Gertrude Steins ‹eine Rose ist eine Rose ist eine Rose›. Hauptsache Rose, Hauptsache die Rose ist! Hilde Domin hat mir mal einen Gedichtband signiert mit dem Titel: ‹Nur eine Rose als Stütze.› Das ist der einzige Krückstock, der hält, jedes Mal wieder neu – wenn man sich auf ihn besinnt. Für mich geht es hier um Gefühle und unseren Umgang damit, nicht um sexuelle Sublimation. Und natürlich auch um Vergänglichkeit und Wandel. Ich würde Frau Stein antworten: rose is a rose is a rosebud is a rose hip (rose ist eine rose ist eine knospe ist eine hagebutte). Alle Versuche, die Rose zu konservieren sind müssig. Getrocknete rote Blütenblätter vergilben mit der Zeit, in Geliergläser eingemachtes Hagebuttenrot verschimmelt irgendwann. Einmal habe ich dazu gekalauert:

> hagebuttenrot
> du bist mein butterbrot
> abendrot
> abendbrot
> hagebuttenrot
> sei mein
> ich mach dich ein

Gute Nacht!»
Es piepste gleich noch einmal: «Ps. Spitzweg selber war sicher ein Pflanzen- und Naturfreund, er war ja studierter Botaniker und Apotheker, aber in Liebesdingen wohl deutlich profaner unterwegs und an der Rose nicht nur botanisch interessiert. Mit 69 dichtete er noch auf Bayrisch:

> Mein Schatz ist wie a Röserl!
> Grad so schön lachts oan on,
> Mi verdriesst nur, dass i's net
> Aufn Hut stecka kon!

Nimm dir ein Beispiel, mein Lieber! Pps. Ich entscheide mich also für den Rausch, schlaf schön ;-)»

Als er am nächsten Morgen mit einer Tasse Kaffee in der Hand sein Handy aufstartete, hatte er bereits drei neue Nachrichten erhalten:

1) «Also, ich habe inzwischen in eine ähnliche Richtung gedacht wie du; die Poesie als Ernte aus dem pfingstlichen Raum. Und habe mich an das Gedicht *Eine Rose zur Winterzeit* von Mascha Kaleko erinnert: ‹Was tut wohl die Rose zur Winterszeit? Sie träumt einen hellroten Traum›. Es endet an Pfingsten. Dazwischen liegt die Traumwelt, die zur Wahrwelt wird. ‹Und dann über Nacht, wie ein Wölkchen, ein Hauch, erblüht sie zu Pfingsten am Rosenstrauch.› Und da sind wir wieder bei der dornenlosen Rose, die der Heilige Geist rund ums Pfingstfest erblühen lässt.» Er öffnete den mitgeschickten Link und las:

Was tut wohl die Rose zur Winterszeit?
Sie träumt einen hellroten Traum.
Wenn der Schnee sie deckt um die Adventszeit,
träumt sie vom Holunderbaum,
Wenn Silberfrost in den Zweigen klirrt,
träumt sie vom Bienengesumm,
vom blauen Falter, und wie er flirrt ...
Ein Traum und der Winter ist um!
Und was tut die Rose zur Osterzeit?
Sie räkelt sich bis zum April.
Am Morgen, da weckt sie die Sonne im Blau,
Und am Abend besucht sie der Frühlingstau
Und ein Engel behütet sie still.
– Der weiss ganz genau was Gott will!
Und dann über Nacht, wie ein Wölkchen, ein Hauch,
erblüht sie zu Pfingsten am Rosenstrauch.
Mascha Kaleko

2) «Apropos Traumwelten: Wusstest du, dass Paeonia officinalis die echte, wilde Pfingstrose, gegen Alpträume wirken soll? Auch Analprobleme und Dickdarmbeschwerden soll es lindern. Die Heilige Hildegard empfahl die Päonie gegen Fieber. ‹Unt wenn ein Mensch den Verstand verliert, so als ob er nichts wüsste und gleichsam in Ekstase läge, tauche Päoniensamen in Honig und lege sie auf seine Zunge, so steigen die Kräfte der Päonie in sein Gehirn empor und erregen ihn, so dass er rasch seinen Verstand wiedererlangt.› Pfingstrosenwurzeln wurden lange als Mittel gegen Epilepsie eingesetzt, in der TCM ist sie eines der Meisterkräuter und auf Chinesisch trägt sie denselben Namen wie die Vagina: Mu-Dan. Staun! Und schlaf schön!

3) «Überhaupt hatten die Klöster auch ihre Finger im Spiel bei der Verbreitung der Pfingstrose. Die Benediktiner bauten sie in ihren Klostergärten an, sie sollen sie im Mittelalter von Süden her über die Alpen gebracht haben. Deswegen trägt sie in alten Heilkräuterbüchern den Namen Benediktinerrose! Die ‹Pfaffarose› oder ‹Kirchenrose› steht in der christlichen Symbolik für Reichtum, Schönheit, Heilung.»

Er stellte die Kaffeetasse zur Seite und begann zu tippen:

«Ich kenne einen Klostergärtner, einen Kapuziner. Der hat ja ein Armutsgelübde abgelegt. Bekommt er mal etwas Geld geschenkt oder etwas Taschengeld von seinem Chef, dem Guardian, investiert er es in Samen oder Setzlinge. Beispielsweise hat er in Deutschland lachsrosa Pfingstrosen erstanden und im Klostergarten in Wil angepflanzt. Er hat mir gesagt: ‹Wenn ich fortziehe, das Kloster wechsle, bleiben die Pflanzen da. Ich muss also loslassen. Ausser ich vermehre sie und nehme einen Teil mit.› Jetzt bevölkern sie auch den Klostergarten in Luzern, wo er jetzt wirkt. Er ist sozusagen ein wundersamer Pfingstrosenvermehrer, dieser gläubige Pfingstrosenverehrer. Er vergleicht das Pflanzenziehen mit dem Kinderkriegen und sagt, diese Form von Reichtum mache ihn glücklich. Woran erinnerst du dich, wenn du an die Pfingstrose denkst?»

Es ging nicht lange bis zum nächsten Nachrichtenton und die Messages flogen nur so hin und her wie die Bienen von einer Blüte zur nächsten:

«An den bezaubernden, geradezu betörenden Duft des frühen Sommers, ganz weiche Blüten, in denen man als Kind fast das ganze Gesicht versenken konnte und die Erinnerung an die Kaffeetafel bei meiner Grossmutter mit einem herrlich grossen Pfingstrosenstrauss, köstlicher Schoko-Baiser-Sahnetorte und Kaffeeduft ... Am feinsten dufteten die rosaroten in meinem letzten Garten, diejenige Art mit Blüten ohne Füllung, fast wie die wilde Variante, etwas heller, auch die Bienen bevorzugten sie, sie rochen für mich nach Sommerluft! Einmal, damals, als ich noch verheiratet war, hatten wir vor dem Wohnzimmerfenster eine weissblühende Art, sie trug diesen Hauch von Jasmin ins Haus.»

«Ich habe mal einen Gärtner gekannt, der sagte, Pfingstrosen würden stinken. Aber der war überhaupt ein komischer Vogel! Er fand auch Dahlien hässlich (weil viel zu üppig und aufdringlich) und Hibiskus fand er ein fürchterliches Gestrüpp.»

«Das stimmt! Viele Neuzüchtungen riechen nicht, und wenn ich auf dem Markt einen Strauss kaufe, musste ich ihn auch schon ‹auslüften›. Er stank chemisch, Reinigungsmittel, Pestizide, irgendwelche Haltbarkeitswundermittel, was weiss ich. Meine Schwester Karla hatte mir einmal einen Setzling aus ihrem Garten mitgebracht von einer uralten Sorte, die duftete wunderbar vanillig-schwer. So wie die Stacheldrahtrose, die neben dem Sandkasten wuchs.»

«Stacheldrahtrose?»

«Der grosse gelbe Spalier-Rosenstrauch trug so entsetzlich viele Dornen, ich war beim Jäten immer völlig zerkratzt, drum habe ich ihn so getauft. Herbert hatte einen Trieb auf der Insel Mainau geklaut und unter dem Jackett zum Auto getragen. Hemd und Haut waren danach total lädiert.»

«Martialisch! Passt irgendwie nicht so zu Pfingsten, eher zu Ostern. ;-)»

«Übrigens: Gestern Nacht habe ich ein Gedicht wiedergefunden, das ich vor ein paar Jahren verfasst habe:

Sommergefühl
Pfingstrosen-Blütenzauber

umspielt meine Sinne
Choral-Charme in Rosa
und andere Königinnen
der Rosen ohne Dornen
erfreuen mich
zum christlichen Fest

In pastellenen Farben
auch tiefstem Rubin
Gelb-orange Staubgefässe
neigen sich bescheiden
in aufbrechenden Blütenblättern
bilden leuchtende Sonnen

Ich stecke meine Nase hinein
in betäubenden Sommerduft
Wärmer, sonniger, farbenprächtiger
kann's nicht mehr werden
so wie jetzt schon alles spriesst

Ich tanze hinaus aus dem Mai
hinein in dieses Sommersonnengefühl

«Ha, sehr schön luftig-leicht. Gefällt mir die Vorstellung: duftende dornenlose Königinnen bevölkern tanzend das Pfingstfest. Scheint mir in der Tat recht pfingstlich der Gedanke, dass sich die himmlischen Informationen im Äther verbreiten wie Pfingstrosenduft (für jene, die eine Nase dafür haben ...); der Heilige Geist als ‹Ultraduft Gottes›?»

«Für mich ist die Geistkraft eher jene, die ein Lebewesen zu dem macht, was es ist: Die Kraft des ‹Werde!› Eine einzelne Balgfrucht der Paeonie kann Dutzende schwarze eiförmige Samen hervorbringen, und aus jeder kann ein ganzer Strauch wachsen. Und ein einziger Hagebuttensamen reicht, um Hunderte Heckenrosenblüten hervorzubringen. Und für mich steckt der Geistwind auch in der Heilkraft, in Wurzeln, Blättern, Blüten, Samen, aber auch im blossen Anblick! Da halte ich es mit der Heiligen Hildegard und ihrer Grünkraft.»

«Schön, die Geistkraft als Heilkraft und Führerin: Werde, der du bist, werde, der du von Anfang an gedacht warst zu sein. Ich habe mich auch gefragt, wann ich sie erlebe. Ganz sicher bei der Naturbetrachtung. Gestern Abend etwa, als ich der Nachtkerze zugeschaut habe, wie sie ihre gelben Blüten innert Minuten entfaltet. Ein Taubenschwänzchen kam und versenkte in der Luft stehend wie ein Kolibri seinen langen Rüssel in den Kelch. Oder wenn der hässlichen Puppe der Königslibelle ein prachtvoller blauer Flieger entsteigt. Ich denke, es ist auch bei uns Menschen nötig, dass wir uns ab und an ganz auflösen und verpuppen, um uns neu zu formen. Schon die alten Griechen hatten einen Begriff für diese auf diesen Planeten mitgebrachte, hier zu entwickelnde und zu reifende Bestimmung jedes Erdenbewohners; Aristoteles nennt sie Entelechie. Die Entelechie des Schmetterlings etwa ist das Fliegenkönnen. Der Heilige Geist könnte die Kraft sein, die uns aus dem Dauerraupenstadium führt.»

«Mhm, da wären wir wieder bei einem klösterlichen Lebensansatz des Mittelalters. Schon die Mönche wussten: Es gibt einen zweiten Weg zur Selbst- und Gotterkenntnis neben dem Lesen in den Heiligen Schriften: Das Lesen im Buch der Natur, weil die Schöpfung auf den Schöpfer verweist. Was aber irgendwie nicht aufgeht: Was ist mit der erotischen Liebe? Welche Rolle spielt da der Heilige Geist?»

«Vielleicht ist er der Windhauch, der dem Chaos in unserem Innern eine neue Form gibt, hin zu einem flatterhaften Wesen, das von Blüte zu Blüte fliegt? ;-) Ich würde mal sagen: Ohne Befruchtung kann nichts Neues entstehen. Der Heilige Geist ist wohl auch einfach die unsichtbare magnetische Kraft der Anziehung – oft stärker als man selbst. Und manchmal führt sie einen eben auch ins Chaos der Puppenphase. Zu versuchen, dem auszuweichen, bringt irgendwie nichts. Ich werde mich daran erinnern, wenn ich das nächste Mal an einer Blüte rieche: ‹Ein Wölkchen, ein Hauch› vermag einen ganzen Sommer zu machen. Selbst zur Winterszeit.»

«Ich würde dir empfehlen, dich bei deinen Flügen inskünftig an die dornenlosen Rosen zu halten, denn die gibt's tatsächlich. Aber der Geist weht halt, wo er will. ;-)»

Der Geist weht und wohnt, wo er will

KATHARINA HASLER-PFLUGSHAUPT

Eine Pfingstgeschichte? Längst Vergangenes fällt ihr ein. Hat sie es damals irgendwo aufgeschrieben?

Tatsächlich, ihre alten Agenden, die auch tagebuchartige Aufzeichnungen enthalten, sind noch da. Zwanzig, dreissig und mehr Jahre liegt zurück, was Marianne in ihnen notiert hat. Da, der Jahrgang der Tochter; sie schlägt den 31. Mai auf. Das war in jenem Jahr zwei Tage nach Pfingsten. Sie liest:

3.30 Uhr: Es ist so weit. Ein wunderbarer Morgen, erste Vogellaute. Fahrt ins Spital. Dann aber langes Warten.

Beim Lesen steigen die Erinnerungen auf, und es ist ihr jetzt im Nachhinein, als wäre jenes bange Warten eine komprimierte Wiederholung des sorgenvollen, mühsamen Wartens in der gefährdeten Schwangerschaft gewesen.

Im Spital wurde sie auf ein hartes Bett gelegt und durfte nicht mehr aufstehen. Aber es geschah einfach gar nichts. Auch Peter, der werdende Vater, war nervös; er ging am Abend nach Hause mit dem Bescheid, wenn sich bis morgen früh nichts tue, werde die Geburt künstlich eingeleitet. Er blieb freilich nicht daheim, sondern nahm im Kirchgemeindehaus an einer Zusammenkunft der Jungen Kirche teil. Ihm, dem Pfarrer, war aufgetragen, den Jugendlichen von der Behörde auszurichten, ein grosser Raum im Obergeschoss sei nun fertig renoviert und man erwarte ihre Aktivitäten.

Über dem Strich, der in einer Agenda den einen Tag vom nächsten trennt, liest Marianne von ihrer eigenen Hand in Grossbuchstaben geschrieben: *NIKODEMUS*

Sie schaut im Heiligenkalender nach: Nein, der Namenstag von Nikodemus ist eindeutig der dritte August. Was war denn da mit Nikodemus? Was hatte er mit ihrem gespannten Warten zu tun? Es geht in jener Geschichte aus dem Johannesevangelium um ein nächtliches Gespräch zwischen Jesus und seinem heimlichen Bewunderer Nikodemus (Joh 3,1–8). Vom heiligen Geist, der überraschend und unberechenbar «weht, wo er will», ist dort die Rede, und von einer zweiten, einer geistlichen Geburt. Dann liest sie unter dem nächsten Tag, dem 1. Juni:

Die Geburt wird eingeleitet. Peter kommt gelöst und getrost.

Ja, so war es, und deshalb auch die Notiz mit Nikodemus, denn Peter erzählte, die jungen Leute hätten beschlossen, im neuen Raum mit Vorhängen eine Kapelle abzutrennen und darin jeden Morgen um sechs zu einer morgendlichen Stille zusammenzukommen. Und sie hätten auch gleich an diesem Morgen damit begonnen, er sei dabei gewesen; sie hätten die Geschichte von Nikodemus gelesen (Joh 3,1–8) und um eine glückliche Geburt gebetet.

Langsam, furchtbar langsam kam die Geburt in Gang.

Mühsamer, schmerzvoller Tag. Viel Zagen.

Sie weiss es noch genau: Zwischen den Wehen hatte sie zu beten versucht, aber da war nichts als jenes «unaussprechliche Seufzen» (Römer 8,26) und immer wieder die eigenartigen Worte «Befördre den Lauf» gewesen. Das klingt nach einem Zitat. Marianne sucht im Internet.

Es ist ein Wort aus der Johannespassion von Bach, aus der Sopranarie «Ich folge dir gleichfalls mit emsigen Schritten». Nein, von emsigen Schritten war da gar nichts gewesen! Hingegen der zweite

Teil, auch er zwar anders gemeint, passt verblüffend genau zu ihrer damaligen Situation: «Befördre den Lauf und höre nicht auf, selbst an mir zu ziehen, zu schieben, zu bitten.»

Aus welchen Tiefen der Not waren diese, genau diese Worte in ihr aufgestiegen? Wer hatte sie hervorgeholt? Sie hat diese Musik wohl mehrmals gehört, jedoch nie selber gesungen. Aber der Geist weht, wo er will, auch im Gebärsaal, nicht wahr, Nikodemus?

Er schafft nicht nur die geheimnisvolle neue, geistliche Geburt; er kann sich auch einer verzagten leiblich Gebärenden annehmen.

Endlich, gegen Abend hat der Arzt mit der Saugglocke das Kindlein ans Tageslicht gezogen: ein kräftiges Mädchen.

Mühsamer, schmerzvoller Tag. Viel Zagen. Aber um 17.40 ist JULIA geboren und LEBT. Gottlob und Dank! Gross schauen uns die Augen unseres Kindleins an!

Marianne erinnert sich, dass sie ihr Kind erschöpft und überglücklich in den Armen hielt, und es dann seine Augen aufschlug und seine Eltern mit einem unvergesslichen Blick anschaute, der sie für ihr ganzes weiteres Leben verpflichtete. Vorüber die Schmerzen, die Sorgen, die Angst: nur noch staunender Dank! Endet hier diese Geschichte?

Nein. Zwei Geschichten haben eben erst begonnen! In der einen wird ein Kind geboren, in der anderen eine kleine Gemeinde. Denn im Kirchgemeindehaus wurde nach jenem ersten Morgengebet eine «Chapelle» eingerichtet; da wurde genagelt, genäht und gestaltet. Der neue Raum war nun bewohnt und voller Leben. Der älteste der Jugendlichen, Matthias, hatte die ökumenische Kommunität von Taizé im Burgund kennengelernt, und wie Unzählige junger Menschen aus ganz Europa war er von dem dort Erlebten nachhaltig inspiriert. Von Montag bis Freitag traf sich nun eine Handvoll Jugendlicher morgens um sechs Uhr in dieser Kapelle. Sie setzten sich auf ihre Kissen und waren ganz still, eine lange, gefüllte Stille war es. Manchmal waren auch Peter oder Marianne dabei, aber meist blieben die jungen Menschen unter sich. Sie hatten keinerlei Leitung oder Hilfe nötig. Am Schluss, etwa nach einer halben Stunde, sangen sie ein Lied aus Taizé, und Matthias sprach ein freies Gebet, dann gingen sie auseinander, an ihre Lehrstelle, in ihre Schule, in ihren Werktag. So ging das Woche für Woche, von Montag bis Freitag, immer morgens um sechs.

In der alten Agenda steht darüber nichts, sie bleibt über viele Wochen fast leer, denn das erste Kindlein füllte die ganze Zeit beglückend aus. Aber Marianne empfindet noch heute dasselbe grosse Staunen wie damals, als dieses Unterfangen einen ganzen Sommer lang währte. Dass die jungen Leute dieses Wunder durchgehalten hatten, schien ihr von jeher ein Werk des Heiligen Geistes zu sein.

Sie ruft Matthias an, um mit ihm die hervorgeholten Erinnerungen auszutauschen. Und da erlebt sie noch einmal eine grosse Überraschung. «Wieso durchhalten?», fragt er. «Wir mussten nichts durchhalten! Da war unsere Sehnsucht nach Stille, unser Fragen nach dem ganz Anderen und unsere Hoffnung, Gottes Gegenwart zu erfahren. Diese Suche wollten wir leben, jeden Tag; wir brauchten die gemeinsame halbe Stunde wie das tägliche Brot. Mit dieser Stille hat der Tag gut begonnen, das spürten wir so deutlich, dass es da nichts durchzuhalten gab. Diese Morgenstille», so schliesst Matthias, «brauche ich übrigens bis heute.»

Marianne ist ein «Morgenmuffel», deshalb hat sie bisher vor allem den Durchhaltewillen der Jugendgruppe bewundert. Nun wird ihr bewusst, dass sie zu kurz gedacht hat, denn der Geist weckt auch die Sehnsucht nach Gott und hält sie wach. Der Geist weht nicht nur, wo er will, sondern wohnt und bleibt auch, wo er will und so lange er will, zum Beispiel in einer begeistert eingerichteten Kapelle in einem Schaffhauser Kirchgemeindehaus.

Plötzlich dieses Leuchten

MIREILLE ZINDEL

Wie still es ist.
Plötzlich.
Man hört nichts.
Hörst du?
Hörst du mich?
Der ganze Raum
geräuschlos und stumm.
Ein Heer von Gräbern.
Statuen und Hecken.
Ist da jemand?
Keine Stimme.
Oder keine für mich.
Die Steine schweigen.

Die Erde schweigt.
Bist du die Katze?
Bist du der Vogel?
Bist du der Schmetterling?
Du bist anwesend
auch wenn du nicht mehr lebst
und leistest mir Gesellschaft.
Auf diesem Flecken Erde bist du
genau genommen
tatsächlich da.
Deine Gebeine.
Dein im feuchten Boden konserviertes Haar.
Deine Haut.
Dein Plüschtier.
Dein Body in Grösse 1 Monat.
Zoé bedeutet auf Griechisch Leben.
Als ich den Namen wählte, war ich ahnungslos.
Dass es zwölf Tage werden.
Zwölf Tage, die ein Leben sind.
Nun komme ich durch das grosse Tor hierher
wie ein Gläubiger an einen heiligen Ort.
Hier bin ich deinem Körper nah
den ich nicht lange genug wiegen konnte.
Ich bringe dir Worte
ich bringe dir Blumen
ich bringe dir Kerzen.
Ich mag den Gedanken, dass nachts ein Licht bei dir brennt.
Dass ein Fuchs, eine Katze, ein Igel oder ein Marder

die Nase zu deinen Blumen hebt.
Angelockt vom Duft.
Vom Schein aus deiner Laterne.
Siehst du das Licht?
Blickst du in die Flamme?
Flackert sie auf?
Spiegelt sie sich in der Luft
die in Wirklichkeit
deine Augen sind?
Ich komme gerne hierher.
Zu den alten Bäumen
zu dieser Erde, die deine Atome in sich trägt.
Die mich trägt, bis sie eines Tages
auch mich in sich aufnehmen, umhüllen,
   decken wird.
Wird dein Grab aufgehoben
nach zwanzig Jahren Ruhefrist
will ich dich umbetten lassen
in eine Familiengruft.
Auf dem Stein wird ein Platz frei sein
und mein Name neben deinem eingraviert.
So bleibt etwas Irdisches von dir
an meiner Seite zurück.
Ein Ort, an dem wir beide sind
als könnte ich dich noch im Tod
umschlingen und fühlen
als lebte unsere Geschichte fort
auch wenn keine Hinterbliebenen mehr sind.
Ich lege die Hand auf deine Erde
und rede zu dir.

Vielleicht muss ich lauter reden
mit lebendiger Stimme, nicht nur im Stillen.
Ein Rabe klagt.
Zu meinen Füssen, im kühlen Grund
Väter, Freunde, Mütter, Kinder.
Ein Labyrinth an Kammern
darin Kleider
Träume
Gold und Silber.
Tiere.
Grosse, kleine.
Wurzeln.
Knochen.
Wissen gespeichert
wie Kupfer und Salz im Boden.
Ich folge der Mauer voll Urnengräbern und
 Asche.
Wie eine Blinde lausche ich ins Schweigen.
Alles irgendwie *Next Level.*
Ihr wisst, wie es ist, hinüberzuwechseln.
Was hat man euch auf die Reise gegeben?
Puppen, Keramik, Ringe, Ketten?
Machen wir uns lächerlich
die wir euch festhalten
und fürs Jenseits ausstatten?
Vergessen mit der Geburt
wie es drüben war.
Ihr kennt das Andere, das Unsichtbare,
 das Verborgene wieder.
Ihr seid dorthin zurückgekehrt.

Dort seid ihr unter euch
und wir kommen durch das grosse Portal hierher
auf der Suche nach Trost.
Bäume, Wiesen, Blumen.
Ein Strauch, der ein Grab vom Weg abschirmt.
Wo bist du gerade?
Zeigst du dich mir?
Sprich mit mir!
Sprich!
Sag was!
Sag!
Irgendwas!
Auch wenn du nicht reden konntest
nicht schreien, nicht lachen, nicht brabbeln.
Nie habe ich deine Stimme gehört.
Zu meinen Füssen
im Acker
Gerippe
Gewebe
Briefe.
Ihr lebt unter uns, indem ihr eure
   Hinterbliebenen verwandelt.
Der Tod ist nicht mir passiert.
Und doch.
Ein Stück weit.
Auch.
Den Überlebenden erkennt man an seinen
   Gedanken
an seinen vielen, endlos vielen Gedanken
wie ein Stein, der durch die Hosentasche drückt.

Ich nenne dein Grab Garten.
Den Flecken Erde mit den Blumen und dem
 Kreuz.
Im Winter lasse ich ihn mit Moos bestecken.
Die Sommerbepflanzung besteht aus einer
 Blumendecke.
Mal ist sie hochgewachsen.
Mal pink.
Mal weiss.
Immer hell wie ein Geist.
Zoé bedeutet auf Griechisch Leben.
Als ich den Namen wählte, war ich ahnungslos
dass es nach deiner Geburt
zwölf Tage werden.
Zwölf Tage, die ein Leben sind.
Wie oft kam ich seither an Unfällen vorbei,
 die mich nichts angehen.
Eine grüne Plane über einen Toten gebreitet
ein roter Faden sickert zwischen den Füssen
 hervor.
Oder ein Mann bewegungslos neben dem
 Motorrad
das vom Auto erfasst worden ist.
Sehe ich Engel?
Sehe ich eine Verbindung zwischen Himmel und
 Erde
seit wir uns kennen?
Siehst du mich?
Bist du hier?
Bist du da?

Sitzt du bei mir?
Schaust du mir über die Schulter?
Führst du meine Hand?
Willst du mir etwas sagen?
Ich will dir etwas sagen.
Der Tod ist nicht mir passiert.
Und doch.
Ein Stück weit.
Auch.
Wir sind vorübergehend tot, wenn wir einen geliebten Menschen verlieren.
Dann leben wir Hand in Hand mit ihm fort.
Ich kann wieder lachen
aber nicht ohne daran denken zu müssen
an die Fähigkeiten, die wir nicht haben.
Auch wir können nicht zaubern.
Hat der Arzt gesagt.
Unsere Julitage zusammen.
Weisst du noch?
Der Himmel war bedeckt, als du geboren wurdest.
Zwölf Tage.
Im Body wurdest du in den Sarg gelegt.
Es war warm.
Ich habe dir eine Decke mitgegeben
für die kalten Tage.
Dich sofort fürs Drüben versorgt, mit Leben.
Ich bringe dir Worte
ich bringe dir Blumen
ich bringe dir Kerzen.

Ich mag den Gedanken, dass nachts ein Licht
 bei dir brennt.
Dass ein Fuchs, eine Katze, ein Igel oder
 ein Marder
die Nase zu deinen Blumen hebt.
Angelockt vom Duft
vom Schein aus deinem Windlicht.
Ich wurde leise mit deinem Tod
denn irgendwo in der Stille
bist du.
Das Verstummen ist vielleicht
die vehementeste Form von Trauer.
Man füllt die Stille mit Gedanken
mit vielen, endlos vielen Gedanken
wie ein Stein, der durch die Hosentasche
 drückt.
Niemand wusste, dass du krank warst
niemand ausser dir.
Ungeboren
wusstest du alles.
Und womöglich wusste ich es auch.
Eine Ahnung
auf keinem Ultraschall erkennbar
unsichtbares Wissen
eine innere Stimme
zwischen dir und mir
eine unvergängliche Nabelschnur.
Ist das ein Geistlicher dort?
Ein Priester in Schwarz?
Der Schatten ist geflohen.

Längsachse. Querachse. Achsenkreuz.
Erstaunlich wenige Eltern haben sich für einen
　Grabstein entschieden
die meisten wählten ein schlichtes, weisses
　Holzkreuz
als würden sie sagen: mein Kind ist nicht für
　lange fort
es ist nicht wirklich geschehen
es ist nicht in Stein gemeisselt
mein Kind ist noch da und bleibt bei mir.
Jeder Witterung ausgesetzt, verfärbt sich das
　Holz und verfault
bis es durch ein neues, schneeweisses Kreuz
　ersetzt werden wird
und wieder von vorn.
Im grünen Wasser glitzern silberne Fische.
Ihre Münder öffnen sich.
Reden sie?
Zu wem?
Eine tote Fliege treibt dahin.
Ihr Sommer ist zu früh erlöscht.
Sphinxgesichter
erinnern mich an deine Bestattung.
Die erste, in der ich in der ersten Reihe stand.
Im schwarzen Kleid am offenen Grab
gefaltete Hände
geflüsterte Gebete
stummes Flehen
langsam aufsteigendes Murmeln tiefen Wahns.
Wie still es ist.

Man hört nichts.
Hörst du?
Hörst du mich?
Der ganze Raum
geräuschlos und stumm.
Ein Heer von Gräbern.
Statuen und Ranken.
Ist da jemand?
Keine Sprache.
Oder keine, die ich verstehe.
Die Erde schweigt.
Die Gräber schweigen.
Die Steine sagen Namen
sagen Jahreszahlen
und die Rechnerei im Kopf setzt ein:
wie lange sie gelebt haben
wiederauflebende Seelen
kehren in die Zeit zurück
laufen ins Feld
schauen auf
blicken sich um
auf ihre Platten
bis die Erde bebt
und alles erlöscht.
Die Steine sprechen Namen
sprechen Jahre
vorwurfsvoll mit dem Fuss aufstampfend
Rippen, Knie, Hüften rasselnd
in Einzelhaft
und Reih und Glied

Schulter an Schulter
neben- und übereinander beigesetzt.
Runde Steine, kantige Steine
vermost, verwildert, verwittert
und dieses Schweigen hinter den Inschriften.
Vielleicht ist es die Hoffnung, dass der
   Entschlafene geliebt wurde
die uns beim Anblick eines Grabes erschaudern
   lässt.
Dass ihm gedacht wird
dass man ihn hochleben lässt
dass er aufersteht, noch vor dem Jüngsten Tag.
Ein Knacken.
Ich lausche.
Marmorner Ahne verbirgt sein Antlitz
eine frische Blume in der Hand.
Ein warmer Wind durchweht die Allee
wie Atem.
Tönt da ein Lied?
Diese ferne Stimme.
Hörst du?
Man muss ganz genau hinhören, wenn man hören will.
Ist es ein Brunnen?
Bist du die Katze?
Bist du der Vogel?
Bist du der Schmetterling?
Du gibst so selten Antwort.
Vielleicht muss ich lauter reden
mit lebendiger Stimme, nicht nur im Stillen.

Nur weil du weg bist, heisst das noch nicht,
   dass ich nicht mehr mit dir rede.
Plötzlich dieses Leuchten.
Der ganze Raum
wie aus dem Schlaf erwacht.
Ein Säuseln erfüllt die Luft.
Die Gräber wirken so frisch.
Das Gras ist so grün zu dieser Jahreszeit.
Die Schlange am Tor beginnt sich zu winden.
Nicht länger Türgriff
schlägt sie das Schloss auf
vergeht hinter dem Busch.
Ein erstes Wort.
Da bist du –
Da bist du ja –
Wie du mir fehlst –
Im fünfzehnten Jahr –
In meinen Arm –
Komm! –
Und ich stelle mir vor, wie ich dir die Türe öffne –
Und ich singe dir das Lied –
Versprochen –
Ja? –
Willst du? –
Gut –
Und dann? –
Ja –
So machen wir's –
Gute Frage –
Doch, sag es –

Das werde ich tun –
Sicher –
Das tue ich –
Wirklich? –
Moment –
Hörst du? –
Klingt da ein Schritt? –
Tönt da ein Seufzen? –
Ist da jemand?
Nur die mechanische Stimme
die eine Busverspätung ansagt.
Baulärm.
Sprache.
Vögel.
Ein Käfer summt.
Sie sind zurück.
Der Ton wurde wieder eingeschaltet.
Jetzt bist du still.
Und du bleibst still.
Ich zünde deine Kerze an.
Und die geduldige Sonne nickt.

Autorinnen und Autoren

KATHRIN BOLT, Jahrgang 1980, ist Pfarrerin an der Kirche St. Laurenzen, Kirchgemeinde St. Gallen-Centrum.

CORINNE DOBLER, Jahrgang 1977, Pfarrerin, Kirchgemeinde Bremgarten-Mutschellen, Seelsorgerin im Sozialwerk Pfarrer Sieber, Gastroseelsorgerin Kanton Aargau

MAGDALENE L. FRETTLÖH, Jahrgang 1959, ist Professorin für Systematische Theologie/Dogmatik und Religionsphilosophie, «Der junge Esel von Betphagé» (2020); «Der Schrift zugeneigt» (2023).

ROMANA GANZONI, Jahrgang 1967, ist mehrsprachige Schriftstellerin in Celerina; «Magdalenas Sünde» (Diogenes 2022), mehrfach ausgezeichnet, zuletzt Bündner Literaturpreis 2020, www.romanaganzoni.ch.

KATHARINA HASLER-PFLUGSHAUPT, Jahrgang 1942, ist Lehrerin, Pfarrerin, zuletzt in Neuhausen am Rheinfall, Autorin, war Co-Redakteurin beim «frauen forum».

HANS HERRMANN, Jahrgang 1963, ist Autor, Redaktor bei reformiert., Burgdorf, «Prélude in See-Moll, Gedichte» (2023), www.hans-herrmann.ch.

CHRISTIAN KAISER, Jahrgang 1968, Winterthur, ist Gehdichter, Autor und Redaktor bei reformiert., «BorkenKäferFrassspuren. Ausflüge in die Zeichenflora und Sprachfauna eines Gehdichters» (2017), www.silbenbilder.ch.

RICHARD KÖLLIKER, Jahrgang 1949, Schaffhausen, zuletzt Pfarrer in Dübendorf, Autor, Redaktor bei «reflecture», «Wandlung ins Mineralische. Vom Nachleben des Schriftstellers Gerhard Meier 1917–2008» (2020).

KURT MARTI, 1921–2017, Studium der Rechtswissenschaften, dann der Theologie. Pfarrer und anschliessend freier Schriftsteller. Sein literarisches Werk umfasst Erzählungen, Gedichte, Tagebücher und Essays. Marti wurde 1997 mit dem Kurt-Tucholsky-Preis für sein Gesamtwerk und 2002 mit dem Karl-Barth-Preis für sein «theopoetisches» Werk ausgezeichnet.

KLAUS MERZ, Jahrgang 1945, ist freier Schriftsteller in Unterkulm, seine Werke wurden vielfach übersetzt und ausgezeichnet, zuletzt Schweizer Grand Prix Literatur 2024, «Noch Licht im Haus. Gedichte & Kurze Geschichten» (2023).

FRANZISCA PILGRAM-FRÜHAUF, Jahrgang 1977, Dr. phil., Winterthur, Germanistin, Theologin, Autorin, arbeitet im religionspädagogischen Medienzentrum Relimedia in Zürich; «Vor dem Spiegel. Selbstsorge bei Demenz im Kontext von Spiritual Care» (TVZ 2021).

FELIX SENN, Jahrgang 1955, Dr. theol., Wettingen, Erwachsenenbildner, Autor und Dozent für Systematische Theologie und war bis 2020 Bereichsleiter Theologische Grundbildung am Theologisch-pastoralen Bildungsinstitut TBI, Zürich; «Der Geist, die Hoffnung und die Kirche» (Edition NZN bei TVZ, 2018).

MARIA CLAUDIA SCHNEEBELI, Jahrgang 1967, ist Pfarrerin in Sent (Engadin) und Autorin (auch unter dem Pseudonym Claudia Luchsinger), «Viele fürchen Verzückung» (TVZ 2022).

MARTINA SCHWARZ, Jahrgang 1976, ist Pfarrerin, Predigtcoach und Leiterin des Praktischen Semesters an der Theologische Fakultät der Uni Bern.

PATRICK SCHWARZENBACH, Jahrgang 1984, Pfarrer City-Kirche St. Jakob, Zürich, «Glanz im Asphalt» (TVZ 2023).

MARTINA STEINKÜHLER, Jahrgang 1961, Prof. Dr. phil., ist Religionspädagogin, Fortbildnerin, Hardegsen (Niedersachsen); «Die neue Erzählbibel. Illustriert von Barbara Niscimbeni» (Stuttgart 2015), «Die Mädchenbibel. Bibelgeschichten aus weiblicher Perspektive, mit Bildern von Angela Gstalter» (Gütersloh 2021), www.martina-steinkuehler.de.

CLAUDIA STORZ, Jahrgang 1948, Dr. phil., ist Schriftstellerin in Aarau, Salzburg und La Napule (F), «Verborgene Kinder» (2022); mehrfach ausgezeichnet, u. a. Solothurner Preis für Literatur 2002, www.claudiastorz.ch.

LYDIA TRÜB HURWITZ, Jahrgang 1950, Zürich, ist Germanistin und Autorin; Regie beim Film «Die vierte Dimension – Beate Schnitter. Die Architektin» (2021), Idee und Drehbuch beim Film «Varlins Atelier in Zürich» (2016).

MARIANNE VOGEL KOPP, Jahrgang 1959, Hondrich bei Spiez, ist Sekundarlehrerin, freiberufliche Theologin, Autorin, Erwachsenenbildnerin, «Dem heiligen lauschen. Gedichte aus der Stille» (2022).

SUSANNE-MARIE WRAGE, Jahrgang 1965, Zürich, ist Schauspielerin, Regisseurin, Autorin, «Briefe aus dem Schrebergarten», Kolumnen in der «Landliebe» (2022/23).

MIREILLE ZINDEL, Jahrgang 1973, Germanistin, Romanistin und Schriftstellerin in Zürich, www.mireillezindel.com.

Illustrationen

KOONI, Jahrgang 1987, ist in Schaffhausen geboren und lebt und arbeitet freischaffend als Illustratorin in Basel. Sie zeichnet seit 2018 einmal monatlich eine Kolumne in der Schaffhauser AZ.

Textnachweise

KURT MARTI, Mut, in: Nationalzeitung Basel, 13./14. Mai 1967, Pfingsten © Kurt Marti-Stiftung, Bern.

KLAUS MERZ, Zu Pfingsten sollen eure Köpfe schiffbar sein, Text als Laienpredigt gehalten in der Stadtkirche Aarau an Pfingsten 2019.

DIE PFINGSTTAUBE, Autorin oder Autor und die Quelle des Texts sind unbekannt, bearbeitet von Richard Kölliker für den Abdruck in diesem Buch, erschienen in: Frauen Forum. Geschichten zum Kirchenjahr, Separatdruck 2003.